Umschlaggestaltung: DSR Werbeagentur Rypka GmbH, 8143 Dobl/Graz
Titelbild: Jean-Jacques Raynal
Bildnachweis:
37: Alexis Vincent/INRA
40: Philippe Lebeaux/Animailes
44 (oben): Pascal Goetgheluck/Biosphoto
44 (unten): Heiti Paves/Biosphoto
45: Nicolas Quendez/Naturimages
48: David Scharf/Biosphoto
71: Jean-Paul Ferrero/Biosphoto
89: Omar Mahdi
100: Amélie Kruse
143: Josiane Goepfert
Alle übrigen Bilder stammen von Jean-Jacques Raynal.

Titel der französischen Originalausgabe: Les Clés d'un sol vivant by Blaise Leclerc

Aus dem Französischen übertragen von Barbara Hinterplattner, BA BA MA

Bibliografische Information der Deutschen Nationalbibliothek
Die Deutsche Nationalbibliothek verzeichnet diese Publikation in der Deutschen Nationalbibliografie; detaillierte bibliografische Daten sind im Internet unter http://dnb.d-nb.de abrufbar.

Hinweis: Dieses Buch wurde auf chlorfrei gebleichtem Papier gedruckt. Die zum Schutz vor Verschmutzung verwendete Einschweißfolie ist aus Polyethylen chlor- und schwefelfrei hergestellt. Diese umweltfreundliche Folie verhält sich grundwasserneutral, ist voll recyclingfähig und verbrennt in Müllverbrennungsanlagen völlig ungiftig.

Auf Wunsch senden wir Ihnen gerne kostenlos unser Verlagsverzeichnis zu:
Leopold Stocker Verlag GmbH
Hofgasse 5/Postfach 438
A-8011 Graz
Tel.: +43 (0)316/82 16 36
Fax: +43 (0)316/83 56 12
E-Mail: stocker-verlag@stocker-verlag.com
www.stocker-verlag.com

ISBN 978-3-7020-1793-4

Layout und Repro: DSR Werbeagentur Rypka GmbH, 8143 Dobl/Graz
Druck und Bindung: Christian Theiss GmbH, 9431 St. Stefan

Blaise Leclerc

LEBENDIGER BODEN

GARTENBODEN VERSTEHEN UND VERBESSERN

Leopold Stocker Verlag
Graz – Stuttgart

Ich danke allen Personen vielmals, die zur Entstehung dieses Buchs beigetragen haben:

Ich danke Michel dafür, dass er mir seinen flachen Spaten geliehen hat,

Gérard für seine Expertenmeinung zum Wasserstoffperoxid-Test,

Pascal für seine Ratschläge zur Herstellung des Berlese-Trichters,

Isabelle, Raymonde und Philippe, meinen treuen Lektoren,

Jean-Jacques, dessen Fotoapparat mir diesmal dazu diente, ungeahnte unterirdische Welten zu erkunden,

und schließlich Claude Aubert, der so freundlich war, das Vorwort für mein Werk zu verfassen.

Inhalt

Vorwort

Der Boden ist die dünne Haut, die den größten Teil der Landmassen auf der Erde bedeckt. Von dieser Haut sind alle nicht im Wasser lebenden Pflanzen- und Tierarten – inklusive uns Menschen – abhängig. Bis zum Beginn des 20. Jahrhunderts konnte der Mensch im Großen und Ganzen die Fruchtbarkeit des Bodens oder besser gesagt der Böden – da unzählige verschiedene Typen existieren – erhalten. Und damit die Fähigkeit, Pflanzen, und damit alle Lebewesen auf der Erde, zu nähren.

Seit etwas mehr als 100 Jahren jedoch nimmt diese Fruchtbarkeit beinahe überall stetig ab. Das ist auf den flächendeckenden Einsatz von chemischen Düngemitteln, das systematisch durchgeführte, tiefe Pflügen des Bodens, das durch Verbreitung von immer stärkeren Traktoren möglich gemacht wurde, auf die fehlende Rückgabe von organischem Material, auf Monokulturen sowie auf Überweidung zurückzuführen. Während der gesamten Zeit hat man vergessen, dass die Bodenfruchtbarkeit Voraussetzung für unser Überleben ist, und man dachte, man könne sie durch Chemikalien ersetzen.

Die ersten, die auf diesen dramatischen Mangel an Bewusstsein reagierten, waren die Pioniere der biologischen Landwirtschaft. Dass der Boden in den für diese Form der Landwirtschaft wegweisenden Werken das wichtigste, wenn nicht sogar das einzige Thema war, ist kein Zufall. Ebenso wenig ist es Zufall, dass die erste große Organisation für biologische Landwirtschaft, die nach wie vor die bedeutendste im Vereinigten Königreich ist, den Namen *Soil Association* trägt. Und dennoch wurde das Problem des Bodens selbst von den Verfechtern der biologischen Landwirtschaft nicht ausreichend betont, die sich eher mit der Bekämpfung von Pflanzenschädlingen und den gesundheitlichen Auswirkungen von Bio-Produkten im Vergleich zu konventionellen Produkten beschäftigten.

Das 21. Jahrhundert steht unbestreitbar im Zeichen des Comebacks des Bodens als *Conditio sine qua non* für nachhaltige Landwirtschaft und auch nachhaltiges Gärtnern, obwohl es erst im Jahr 2015 dazu kam, dass die Vereinten Nationen dies zum Thema ihres internationalen Jahres erklärten.

Das neue Buch von Blaise Leclerc kommt also genau richtig: Nicht unbedingt, um die Gärtner von der Bedeutung des Bodens zu überzeugen – da die meisten von ihnen bereits überzeugt sind –, sondern vielmehr, um ihnen das nötige Handwerkszeug mit auf den Weg zu geben, damit sie die Bodenfruchtbarkeit in ihrem Garten erhalten können. Die neuesten Forschungsergebnisse auf dem Gebiet der Agronomie werden dabei berücksichtigt.

Der erste Schritt ist natürlich zu erkennen, was sich im Boden abspielt, was seine zahlreichen Bewohner leisten und wie sie zum Wachstum und zur Gesundheit der Pflanzen beitragen. Der zweite Schritt besteht darin, zu verstehen, wie man den Boden bearbeitet und ihm Nährstoffe zuführt, damit die Pflanzen dort eine ausreichende, aber nicht zu große Menge von allem, was sie brauchen, vorfinden. Im Anhang befindet sich ein Merkheft, in welchem die wichtigsten agronomischen Aspekte der Funktionsweise des Bodens und seiner Düngung vertiefend dargestellt werden. Das vorliegende Buch ist umfassend, gut geschrieben und schön illustriert und stellt zweifelsohne das Mittel der Wahl des informierten Gärtners dar, wobei es gleichermaßen für Anfänger als auch für erfahrene Gärtner geeignet ist. Es bietet – unter anderem – einen Überblick über die verschiedenen Arten von Düngern, deren Zahl ständig wächst und die man entweder selbst im eigenen Garten herstellen, im Gartenfachhandel kaufen oder beim Bauern in der Nachbarschaft ausleihen kann.

Claude Aubert
Agraringenieur
Mitbegründer des Verlags Terre vivante

Einleitung

Im Vergleich zu den anderen natürlichen Lebensräumen weist der Boden ein einzigartiges Merkmal auf: Er verbindet Lebendiges und Lebloses. Das Lebendige im Boden sind die organischen Bestandteile, das Leblose die anorganischen Substanzen. Die Verbindung zwischen Organischem und Anorganischem, welche schon beim Entstehen eines Bodens existiert, ist der Schlüssel zur Fruchtbarkeit unserer Gärten. Die Bodenlebewesen – angefangen von den kleinsten, die mit bloßem Auge nicht sichtbar sind (Bakterien, Pilze), bis zu den größten (Insekten, Regenwürmer etc.) – sind es, die diese Verbindung möglich machen. Milliarden von Lebewesen sind ohne Unterlass im Boden unter unseren Füßen am Werk. Deshalb können wir vom Boden als lebendiger Einheit und damit von einem lebendigen Boden sprechen.

Entdecken ...

Die Bodenlebewesen besser kennenzulernen, stellt einen wesentlichen Vorteil für den Gärtner dar. Er muss nämlich im Einklang mit diesen wertvollen Nützlingen arbeiten und sie gleichzeitig schützen und ihre Entwicklung fördern. Der erste Teil des Buchs ist dazu gedacht, Ihnen den Boden näherzubringen: wie er aufgebaut ist, wer ihn bewohnt, wie die Pflanzen darin wachsen und welche die engen Verbindungen sind, die zwischen letzteren und den Bodenlebewesen bestehen.

... und zur Tat schreiten

Der zweite Teil des Buchs soll zeigen, wie das Leben im Boden des Gartens erhalten und verbessert werden kann. Hierbei kommen zuallererst einfach durchführbare Tests zum Einsatz, mit denen man selbst die Haupteigenschaften des Bodens bestimmen kann. Mit diesem Wissen und dank dem breiten Angebot an Bodenbearbeitungs- und Düngemethoden werden Sie in der Lage sein, die für Ihre Situation am besten passenden Mittel zu wählen – quasi Schlüssel zum Erfolg im Garten. Schließlich steht Ihnen noch das Merkheft im Anhang zur Verfügung, in welchem die verschiedenen Methoden, die im Buch aufgelistet sind, vertiefend behandelt werden.

Was sich in der Natur abspielt

Dieser erste Abschnitt des Buchs lädt Sie dazu ein, den Boden und seine Bewohner kennenzulernen. Indem Sie zuerst eine naturwissenschaftliche Perspektive einnehmen, bevor Sie aus Sicht des Gärtners auf den Boden schauen, vermeiden Sie viele Fehler. Die biologischen Prozesse, die im Garten ablaufen, sind nämlich die gleichen wie in der unberührten Natur. Diese biologischen Prozesse, die man als „natürlich" bezeichnen kann, sind das Ergebnis von mehreren Millionen Jahren von Evolution. Dies gilt allen voran für bestimmte Beziehungen zwischen den Mikroorganismen im Boden, den Pflanzen und den Tieren. Wie später noch detailliert gezeigt wird, sind diese engen und komplexen Beziehungen die Grundlage des Gartenbaus.

Woraus besteht der Boden?

Bevor wir uns in diese komplexen biologischen Beziehungen vertiefen, sehen wir uns zuerst einmal an, woraus der Boden besteht, wie er sich bildet und welche seine Haupteigenschaften sind. Lassen Sie uns die Zeit zurückdrehen zu dem Augenblick, als sich die Böden bildeten, und die Hauptetappen dieses Prozesses, der als Pedogenese*[1] bezeichnet wird, entdecken.

Wie entsteht ein Boden?

Hebt man einen Graben aus, stößt man dabei irgendwann auf eine Schicht, die in der Regel härter ist und die in einer Tiefe von mehreren Dutzend Zentimetern oder einigen Metern beginnt: das Muttergestein*. Vor einigen Jahrtausenden lag diese Schicht noch an der Oberfläche. Die schrittweise Verwitterung dieses Gesteins hat sehr oft zur Bildung jener Bodenschicht geführt, die sich heute darauf befindet. Jedoch könnten die Substanzen, die heute diese oberste Schicht bilden, auch von Flüssen angespült oder vom Wind angeweht worden sein. All diese Faktoren haben möglicherweise eine Rolle gespielt, sodass es heute Tausende von unterschiedlichen Böden gibt, die von Pedologen* nach unterschiedlichen Kriterien klassifiziert werden.

Ein dreistufiger Prozess

Die Bodenbildung läuft im Großen und Ganzen in den gleichen drei Schritten ab.

1 Kommt ein Ausdruck aus dem Glossar (S. 163) zum ersten Mal vor, ist er mit einem Sternchen markiert.

Schritt 1: Verwitterung des Muttergesteins

Erosion durch Wind, Wasser und Temperaturschwankungen zwischen warm und kalt sowie der Wechsel zwischen Frost und Tauwetter rufen **Risse und Sprünge** im Gestein hervor. Mikroskopisch kleine Algen siedeln sich auf den rauen Oberflächen des mineralischen Gesteins an und beschleunigen dessen Zerfall, indem sie Substanzen absondern, die es auflösen. Dies wird von **Mikroorganismen** – Bakterien und Pilzen – unterstützt, die sich nach und nach dort ausbreiten. Pflanzen können sich in diesem Stadium noch nicht ansiedeln, da weder die Mineralstoffe, die sie benötigen, noch genügend Terrain zur Verwurzelung vorhanden sind.
Der Boden muss erst eine Dicke von einigen Millimetern erreichen, damit sich Pflanzen darin verwurzeln und die Mineralstoffe aus dem Boden gewinnen können, die von den ersten Lebewesen freigesetzt wurden, die mit der Zersetzung des Muttergesteins begonnen hatten.
Die **ersten Pflanzen**, die sich ansiedeln, wiederum verändern das Muttergestein weiter durch ihre Wurzelatmung, bei welcher sie CO_2 (Kohlendioxid*) in den Boden abgeben. Die Pflanzen tragen außerdem dadurch zur Bodenbildung bei, dass sie ihn versauern. Das beschleunigt

Schritt 1

Schritt 2

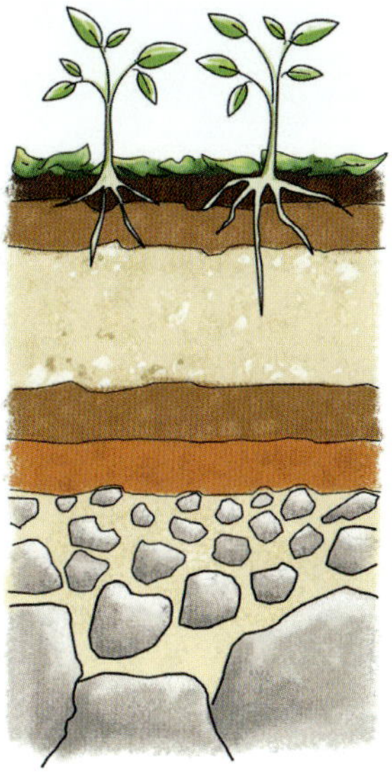

Schritt 3

die chemische Verwitterung* des Bodens. Es ist nämlich so, dass die Pflanzen jedes Mal, wenn sie ein Kation (Kalium* K+, Kalzium Ca++, Magnesium* Mg++) aus dem Boden aufnehmen, ein bis zwei Protonen* (H+) abgeben, was den Boden langsam saurer werden lässt. Die Wurzeln geben auch organische Säuren ab, die ebenfalls dazu beitragen, den Boden zu säuern[2]. Diese **Versauerung des Bodens** ermöglicht die Lösung der im Gestein enthaltenen Mineralstoffe. Im Laufe der Jahreszeiten sterben die Pflanzen ab und hinterlassen im Boden ihre Wurzeln und an der Oberfläche ihre Stängel und Blätter. Daraus entsteht eine erste Schicht aus pflanzlichen Überresten, die Streu*. Dort siedeln sich nach und nach kleine Insekten an und nutzen sie als Nahrung. In diesem Stadium kann man bereits von einem Boden sprechen, welcher zwar noch sehr dünn ist, aber bereits genug Lebewesen beherbergt, um sich noch schneller zu entwickeln.

2 Eine Liste der chemischen Ausdrücke und Symbole finden Sie im Merkheft auf S. 150.

Schritt 2: Organische Substanz* reichert sich an

Allmählich wird der Boden von immer zahlreicheren und immer unterschiedlicheren Lebewesen besiedelt. Eine **Schicht**, die **reich an organischem Material** ist, bildet sich langsam an der Oberfläche. Diese Ansammlung ist darauf zurückzuführen, dass bestimmte Pflanzenbestandteile, wie Lignin*, schwer abbaubar sind. Dieser unvollständige Abbau von Lignin führt zur Bildung von Humus* im Boden. Später wird dieser Humus selbst mineralisiert (s. S. 29), wobei Nährstoffe für Pflanzen, wie vor allem Stickstoff*, freigesetzt werden.

Schritt 3: Die Verlagerung von Stoffen führt zur Herausbildung klar abgegrenzter Schichten

Dieser letzte Schritt bei der Bildung von Böden ist eng mit Klima und Oberflächenvegetation verbunden. Er endet mit der **Herausbildung von Schichten**, die als Horizonte* bezeichnet werden und die, wenn man in einem tiefgründigen Boden einen Graben gräbt, klar mit freiem Auge unterscheidbar sind. Diese Schichten haben nämlich verschiedene Farben und Textu-

Bei diesem Bodenquerschnitt entlang einer Straße sind verschiedene Bodenhorizonte deutlich sichtbar: ein dunkler – da humusreicher – Horizont nahe der Oberfläche, direkt darunter ein hellerer – verarmter – Horizont, danach ein oranger, dessen Farbe auf eine Ansammlung von Eisenhydroxiden zurückzuführen ist, und schließlich das Muttergestein.

ren, was daran liegt, dass die Mineralstoffe (zum Beispiel eine rote Schicht, die viel Eisen enthält) oder Feststoffteilchen, wie Tonminerale*, unterschiedlich tief in den Boden gelangen. In unserer gemäßigten Klimazone sind die Winter regenreich, weshalb die Feinpartikel hauptsächlich zu dieser Jahreszeit in tiefere Schichten geschwemmt werden. Dieser Vorgang führt zur Verarmung der oberflächlichen Horizonte. Der Pflanzenbestand, insbesondere die Bäume, tragen dazu bei, diesen Vorgang auszugleichen, indem sie die Nährstoffe mit ihren Wurzeln aufnehmen und in die Höhe transportieren und indem sie den Horizont an der Oberfläche mit ihrem jährlichen Abwurf von pflanzlichen Abfällen bereichern. Auch die Regenwürmer tragen durch ihre Ausscheidungen an der Oberfläche dazu bei, Nährstoffe in die oberen Bodenschichten zu bringen. Umgekehrt kann der Mensch durch bestimmte intensive landwirtschaftliche Methoden die Bodenverschlechterung beschleunigen (kahle Böden im Winter, Einsatz von zu schweren Maschinen oder Maschineneinsatz bei feuchtem Boden etc.).

Boden braucht viel mehr Zeit, um sich zu bilden, als um zerstört zu werden!

Die Zeit, die ein Boden braucht, um zu entstehen, variiert sehr stark. Sie hängt vor allem von der Härte des Muttergesteins und vom Klima ab. Festzuhalten ist, dass Bodenbildung sehr langsam abläuft; in einem Jahrhundert bildet sich ungefähr 1 mm Boden. Damit sich ein Boden von 10 cm Dicke bildet, müssen also mindestens 10.000 Jahre vergehen! Die Zerstörung der Böden hingegen, vor allem die Erosion durch menschliche Aktivitäten, geht viel schneller voran. Durch die Intensivlandwirtschaft kann es dazu kommen, dass im Laufe einiger Jahrzehnte mehrere Zentimeter Boden in die Flüsse und dann ins Meer gespült werden …

Wie sieht das bei Gartenböden aus?

In der Regel handelt es sich bei Gartenboden um einen Boden, der in den vergangenen Jahrzehnten oder Jahrhunderten bewirtschaftet wurde und aufgrund dessen **bis in eine Tiefe von 10 bis 30 cm relativ homogen** ist, je nachdem bis in welche Tiefe im Durchschnitt eine Bearbeitung stattfand. Ist der Gemüsegarten alt (50 Jahre oder älter), ist seine Erde reich an stabilem organischen Material, welches wiederum eng mit den anorganischen Teilchen im Boden verbunden ist. Dieser Boden hat eine **krümelige Struktur***, da ihm über Jahre regelmäßig organische Bodenverbesserungsmittel zugeführt wurden. Obwohl der Boden reichhaltig scheint, muss er dennoch weiter mit organischem Material versorgt werden. Es wird noch deutlich werden, dass diese krümelige Struktur das Ergebnis der Arbeit von Bodenlebewesen ist (s. S. 56). Diese müssen regelmäßig mit Nährstoffen versorgt werden, möchte man diese ideale Struktur erhalten.

Grundlegende Mineralstoffe

Das Erdreich besteht zunächst aus anorganischer Substanz, im Allgemeinen zu über 95 %. Woraus aber besteht diese anorganische Substanz?

Primäre und sekundäre Minerale

Primäre Minerale sind solche, die direkt von der Erdkruste kommen: zum Beispiel Feldspat, Glimmer oder Quarz, die in Lava oder Granit enthalten sind. Diese kennen wir gut als Felsen oder Kieselsteine. Man kann sie aber auch im Erdreich finden, wo sie meist viel kleinere, unterhalb des Millimeterbereichs liegende, Dimensionen erreichen.

Nicht verwechseln: Verwitterung und Mineralisation

Der Begriff „Mineral“ wird für Teilchen mit sehr unterschiedlichen Größen benutzt und kann zu Verwirrung führen. Im für den Menschen sichtbaren Bereich sind Minerale jene Stoffe, aus denen sich Felsen (primäre und sekundäre Minerale) zusammensetzen, im Gegensatz zum organischen Material, welches aus der lebendigen Welt kommt. Im molekularen Bereich hingegen entsteht alles Mineralische entweder durch Verwitterung (Eisenhydroxide, Kalzium, Kalium ...) oder durch die vollständige Zersetzung von organischem Material, welche auch als Mineralisation* bezeichnet wird (s. S. 62). Dies führt zur Freisetzung von Nitraten, Phosphaten, Sulfaten ... Gleichgültig, ob diese Minerale durch Verwitterung oder Mineralisation entstehen: Wenn sie in der flüssigen Phase des Bodens vorhanden sind, dienen sie den Pflanzen als Nahrung.

Durch den Einfluss von Regen, Sauerstoff, Kohlendioxid und Säuren, die von Pflanzen und Mikroorganismen freigesetzt werden, verwandeln sich diese primären Minerale langsam in **sekundäre Minerale**, von denen die bedeutendsten die Tonminerale sind. Sie entstehen aus Aluminium und Silizium, die in den primären Mineralen enthalten sind, sowie aus in Wasser enthaltenem Sauerstoff und Wasserstoff. Diese Tonminerale entstehen also nicht in den Tiefen des Erdmantels, sondern praktisch an der Oberfläche.
Sie besitzen eine Molekülstruktur aus Schichten, welche ihnen besondere Eigenschaften verleiht, auf die später noch eingegangen werden wird. Durch den Kontakt mit Sauerstoff entstehen noch andere sekundäre Minerale, wie Eisenhydroxide, die zahlreichen Böden ihre braune oder rote Farbe verleihen. Beim dritten Schritt der Bodenentstehung (S. 13) sind es diese sekundären Minerale, die in der Tiefe vom Regen ausgelaugt werden.

pH-Wert der Böden

Die Beschaffenheit der Minerale im Boden beeinflusst seinen Säuregrad. In der Praxis wird der Säuregrad des Wassers im Boden gemessen, indem man seinen pH-Wert*, die Wasserstoffionenkonzentration, das heißt die Konzentration an H+-Protonen im Wasser, bestimmt. Der pH-Wert von reinem Wasser liegt bei 7. Von einem neutralen Boden spricht man bei einem pH-Wert zwischen 6,5 und 7,5. Saure Böden haben einen pH-Wert unter 6,5, alkalische (oder basische) Böden besitzen einen pH-Wert über 7,5.

Pflanzen reagieren empfindlich auf pH-Wert-Schwankungen. Bestimmte Pflanzen, wie Azaleen, Kamelien oder Rhododendren, vertragen keine basischen Böden, die viel Kalkstein enthalten und deren pH-Wert über 7,5 liegt. Umgekehrt bevorzugen andere Pflanzen basische Böden. Diese werden auch als Kalziphile* (Kalkliebende) bezeichnet. Darunter fallen Weißdorne, Zistrosen, Hartriegel ...

Auf S. 80 wird gezeigt, wie man herausfinden kann, ob der eigene Boden sauer oder basisch ist, auf S. 142 wird erklärt, wie man den pH-Wert beeinflussen kann.

Textur

Die Unterscheidung zwischen primären und sekundären Mineralen gehört zum Fachgebiet der Geologen oder der Pedologen. Eine einfachere Art, sich mit den Mineralstoffen des Bodens auseinanderzusetzen, besteht ganz einfach in der **Einteilung nach Größe**: Das ist die Granulometrie oder Textur*. Diese ist besonders interessant für Agronomen und Gärtner.

SAND, SCHLUFF, TON

Sand: sehr luftige Struktur.

Schluff: Zwischenstruktur.

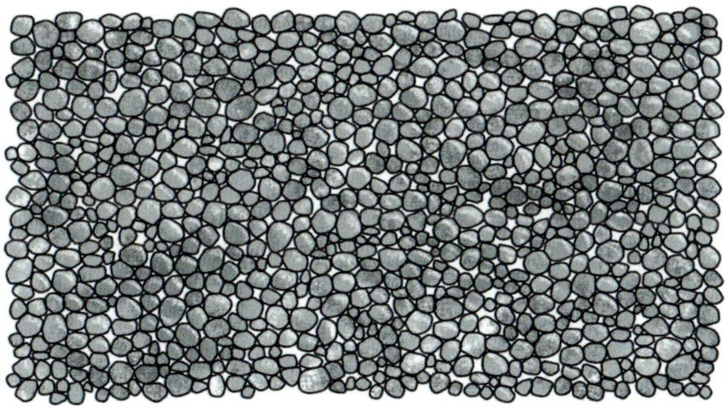

Ton: verdichtete Struktur.

Es kommt auf die Größe an

Die Verteilung der Minerale im Boden nach Größe sieht folgendermaßen aus:

Steine	2 bis 20 cm	Grobe Bestandteile
Kies	2 mm bis 2 cm	
Grober Sand	0,2 bis 2 mm	Feine Erde
Feiner Sand	0,05 bis 0,2 mm	
Grober Schluff	0,02 bis 0,05 mm	
Feiner Schluff	0,002 bis 0,02 mm	
Tonminerale	< 0,002 mm	

Die feine Erde* besteht aus all jenen Mineralteilchen, die durch das 2-mm-Sieb fallen. Die groben Bestandteile, Steine und Kiesel, können zwar störend sein, aber haben weniger Einfluss auf die Bodeneigenschaften als die feine Erde.

Die Textur des Bodens verändert sich im Laufe seiner Entwicklung, die mehrere tausend Jahre dauert, nicht jedoch in der Spanne eines Menschenlebens. Deshalb ist es nutzlos zu versuchen, die Textur Ihres Gartenbodens zu verändern: Man muss sich gewissermaßen „mit ihr abfinden“ und ihre Vorteile nutzen und gleichzeitig ihre Nachteile minimieren.

Texturdreieck

Böden lassen sich anhand ihrer Textur klassifizieren. Zu den Bezeichnungen, die den Anteilen der drei Hauptklassen Sand*, Schluff* und Ton* entsprechen, kommt man durch die Verwendung eines Texturdreiecks. Ist keine der drei Hauptklassen vorherrschend, wird auch von Lehm gesprochen. Die Attribute tonig*, sandig*, schluffig*, lehmig* beschreiben die Textur noch präziser.
Sie können sich einen Eindruck von der Textur Ihres Bodens durch direkte Beobachtung (s. S. 76) verschaffen oder aber Sie lassen eine granulometrische Analyse durchführen, die Ihnen detailliert Aufschluss über das Verhältnis der verschiedenen Bodenbestandteile gibt.

TEXTURDREIECK

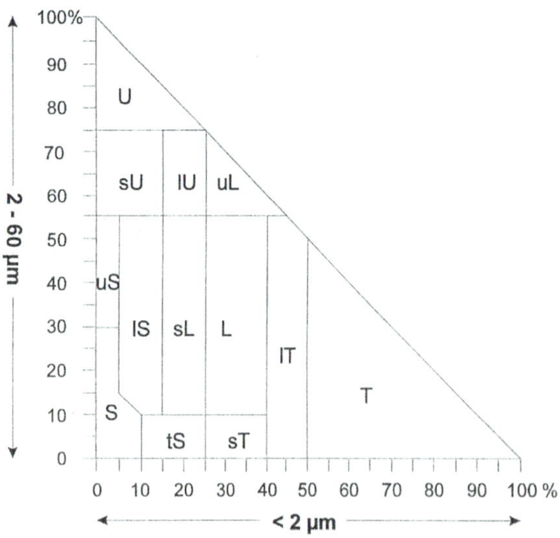

S	Sand
uS	schluffiger Sand
lS	lehmiger Sand
tS	toniger Sand
sU	sandiger Schluff
U	Schluff
lU	lehmiger Schluff
sL	sandiger Lehm
L	Lehm
uL	schluffiger Lehm
sT	sandiger Ton
lT	lehmiger Ton
T	Ton

Quelle: Blum, Spiegel, Wenzel, Bodenzustandsinventur. Konzeption, Durchführung und Bewertung, Universität für Bodenkultur Wien, 1996.

Anm. des Verlages: Das Texturdreieck ist international nicht genormt und kann von Land zu Land geringfügig unterschiedlich aussehen, hier wird beispielhaft eines angeführt. Ein praktisches Beispiel finden Sie auf S. 78.

STRUKTUR DER TONMINERALE

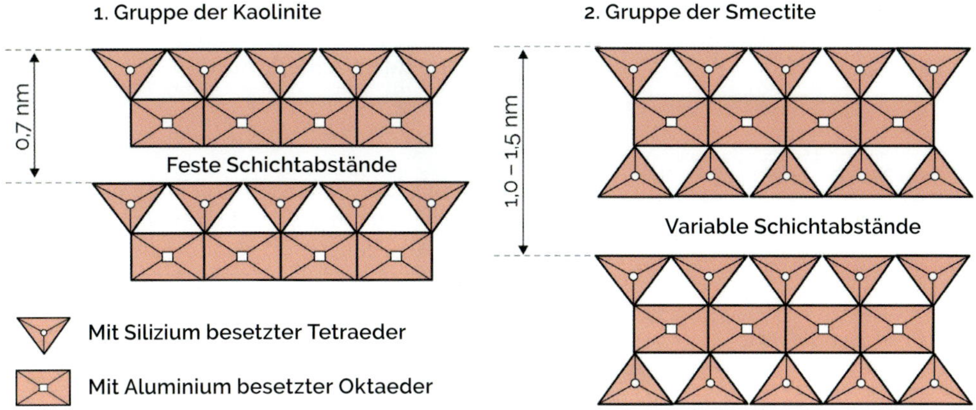

nm = Nanometer, Millionstel Millimeter; Maßeinheit, die in der Größenordnung der Atome verwendet wird

Tonminerale: die kleinsten und wichtigsten Minerale

Tonminerale sind mit einer Größe von unter 0,002 mm die **kleinsten Teilchen der feinen Erde**. Es handelt sich um sekundäre Minerale, deren physiochemische Eigenschaften überraschend sind. Aufgrund ihrer mikroskopischen Größe und ihrer Eigenschaften spielen sie im Boden eine entscheidende Rolle. Sie sind jene Minerale, die die engste Verbindung zu den organischen Substanzen aufweisen, und sie erlauben dem Boden auch, viel Wasser und viele Minerale zu speichern. Sehen wir uns nun an, wie das funktioniert:

Herkunft und Zusammensetzung

Tonminerale sind **sekundäre Minerale**, das bedeutet, sie entstehen neu aus primären Mineralen, die Silizium und Aluminium enthalten, wie beispielsweise Feldspat, Glimmer etc. Deshalb stellen sie die kleinsten Minerale dar, die im Boden auffindbar sind. Ihre besonderen physiochemischen Eigenschaften sind auf ihre Struktur zurückzuführen, die aus mikroskopischen Blättchen aus zwei bis drei Schichten besteht, die mit Aluminium, Sauerstoff und Silizium besetzt sind. Die Siliziumatome sind dabei von vier Sauerstoffatomen umgeben und bilden tetraedrische Schichten. Die Aluminiumatome sind von sechs Wasserstoffatomen umgeben und formen oktaedrische Schichten (siehe Schema).

Diese Schichten sind, wie bei einem Blätterteig, übereinandergestapelt. Bei bestimmten Gruppen von Tonmineralen sind die Abstände zwischen den einzelnen Schichten unveränderlich und sehr gering, sodass kein anderes Molekül dazwischen gelangen kann. Dies trifft auf Kaolinit zu, ein Tonmineral, welches in tropischen Böden sehr häufig vorkommt. Dieser Tontyp ist zwar ideal für Töpfer, aber für Agronomen oder Gärtner wenig interessant, da die Zwischenräume zwischen den Schichten nicht veränderbar und zu eng sind.

Die Tonminerale der Gruppe der Smectite hingegen weisen größere und variable Schichtabstände auf, was ihnen erlaubt, Wasser und Mineralstoffe zu speichern.

Schrumpfungsrisse an der Oberfläche eines tonigen Bodens.

Tonminerale speichern Wasser im Boden

Ist der Abstand zwischen den Schichten groß genug und flexibel, wie das bei Smectiten der Fall ist, kann Wasser gespeichert werden. Diese Tonminerale werden als quellfähig bezeichnet. Je mehr der Boden von diesem Ton enthält, desto mehr Wasser kann er speichern, im Gegensatz zu Sandböden, die gar kein Wasser speichern können.

Schrumpfungsrisse

Die Risse, die man in tonigen Böden beobachten kann, sind auf diese Eigenschaft zurückzuführen: Die Böden quellen während regnerischer Zeiten auf und ziehen sich in Zeiten der Trockenheit zusammen, wodurch ihr Volumen wieder abnimmt, was zum Auftreten der mit freiem Auge deutlich sichtbaren Risse führt. Diese werden als Schrumpfungsrisse* bezeichnet.

AUFQUELLEN DER TONMINERALE

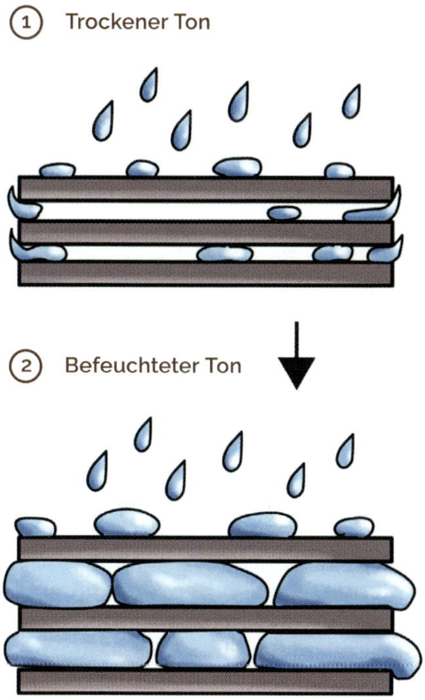

Die Speisekammer des Bodens

Die Minerale, die für die Nährstoffversorgung der Pflanzen notwendig sind, können einfach vom Wasser weggeschwemmt werden. Tonminerale haben die Fähigkeit, diese festzuhalten und ähneln in dieser Hinsicht einem Magneten. Tatsächlich sind es **elektrische Kräfte**, die dies möglich machen: Tonminerale sind negativ geladen und die Nährstoffe positiv: Ca++, K+, Mg++, NH4+. Je toniger ein Boden also ist, desto mehr Mineralien, die die Pflanzen benötigen, kann er speichern. So stellt er eine gut gefüllte Speisekammer dar, die die Pflanzenwurzeln erreichen können.

Eine enge Verbindung zu den organischen Substanzen

Die letzte wichtige Eigenschaft der Tonminerale schließlich ist, dass sie die Fähigkeit haben, sich eng an organische Substanzen im Boden zu binden. Zunächst verbinden sich die Tonminerale mit jenen Substanzen, die gerade verrotten. Das ist den Bakterien zu verdanken, die eine Art Kleber bilden, an den sich die Tonteilchen

TON-HUMUS-KOMPLEX (VERBINDUNG ZWISCHEN HUMUS UND TON DURCH KALZIUM ODER EISEN)

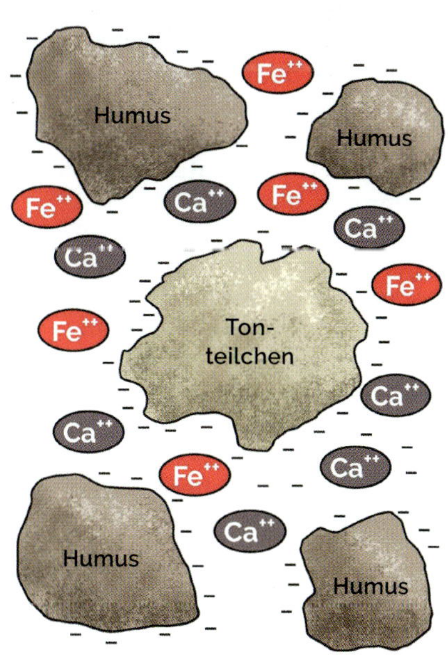

heften (zur Bildung der Struktur s. S. 56). Mit dem bereits verrotteten – dem humifizierten* – Material verbinden sich die Tonteilchen anschließend dank Kalzium und Eisen, die feste Verbindungen zwischen diesen beiden Substanzen bilden.
Das so entstehende Gebilde wird Ton-Humus-Komplex* genannt. Diese enge Verbindung mit organischen Substanzen bietet gegenseitigen Schutz: Der Ton verlangsamt die Zersetzung des organischen Materials und dieses wiederum wirkt der Lessivierung* der Tonminerale in tiefere Schichten entgegen.

Vor- und Nachteile der drei großen Texturtypen

Keine der Texturen ist besser als die anderen. Jede hat Vor- und Nachteile für den Gärtner. Im Allgemeinen sind in der Erde Ihres Gartens sowohl Sand, Schluff als auch Ton in sehr unterschiedlichen Verhältnissen enthalten.

Die Textur ändert sich mit der Tiefe

Wie die Abbildung auf S. 13 erkennen lässt, ist die Textur der oberflächlichen Schichten nicht gleich wie jene der tieferliegenden. Die kleinsten Teilchen nämlich neigen dazu, allmählich tiefer zu sinken und sich ganz unten im Profil anzusammeln. Die Textur der tieferliegenden Schichten ist folglich im Allgemeinen feiner und vor allem reicher an Ton. Dieser natürliche Vorgang lässt sich verlangsamen, indem man ausreichend organisches Material an der Oberfläche zuführt. Dieses nämlich geht eine enge Verbindung mit den Tonteilchen ein und verhindert, dass diese tiefer in den Boden geschwemmt werden.

Wie ist die Erde in Ihrem Garten beschaffen? Siehe S. 70.
Wie kann sie verbessert werden? Siehe S. 113.

Tonige Böden

Gerade wurden die interessanten Eigenschaften von Tonmineralen angesprochen. Ein zu toniger Boden jedoch hat auch Nachteile, die mit seiner Fähigkeit, viel Wasser zu speichern, in Zusammenhang stehen. Bodenlebewesen und Wurzeln brauchen zwar Wasser, aber sie brauchen ebenso Luft. In einem mit Wasser gesättigten Boden kann keine Luft mehr zirkulieren. Dieser Fall tritt bei zu tonigen Böden ein, die mehr als 30 % Ton enthalten. Außerdem ist dieser Bodentyp schwer zu bearbeiten, da er im feuchten Zustand zu plastisch und im trockenen Zustand zu hart ist.

Schluffige Böden

Schluffige Böden sind möglicherweise ebenfalls schwer belüftbar, vor allem, wenn sie reich an feinem Schluff sind. Jedoch sorgen sie vor allem an der Oberfläche für Probleme, da sie sehr schnell eine harte Kruste bilden, die die Keimlinge nur schwer durchbrechen können. Dies wird Oberflächenverschlämmung* (siehe Kasten) genannt. Aussaaten sind auf einem derartigen Boden schwierig durchzuführen.

Wie kommt es zu Oberflächenverschlämmung?

Treffen Wassertropfen – durch Regen oder Bewässerung – auf einem stark schluffhaltigen Boden auf, werden dadurch Schluffteilchen in die Luft geschleudert. Diese treffen wieder auf dem Boden auf und bilden eine feine, hauptsächlich aus Schluff bestehende Schicht. Die Sandteilchen, die größer sind, werden nicht in die Luft geschleudert und bleiben am Boden. Wenn die feine Schluffschicht nun trocknet, bildet sie eine sehr harte Kruste, die Keimlinge nur schwer durchbrechen können. Um einer solchen Oberflächenverschlämmung vorzubeugen, ist es ratsam, reichlich Kompost an der Oberfläche auszubringen und ein wenig zu mulchen.

Sandige Böden

Sandige Böden wiederum weisen eine Einzelkornstruktur auf. Das bedeutet, dass die Bodenteilchen – dazu gehören Sandkörner einerseits und organische Abfälle andererseits – lose nebeneinanderliegen und nicht miteinander verbunden sind. Das kann man einfach feststellen, indem man eine Handvoll dieses Bodens in trockenem Zustand aufhebt: Er zerrieselt zwischen den Fingern.

Dieser Boden speichert kein Wasser, aber dafür zirkuliert die Luft dort ungehindert. Die organischen Teilchen im sandigen Boden sind nicht mit den mineralischen Bestandteilen verbunden und zerfallen deshalb schneller als in anderen Böden – vor allem in Böden, die viel Ton enthalten. Man sagt daher auch, dass Sandböden organisches Material „verbrennen“.

Struktur

Die Struktur ist die **Anordnung der bodenbildenden Teilchen.** Sie ist zum Teil, aber nicht ausschließlich, von dessen Textur abhängig. Später wird deutlich werden, dass die ideale Bodenstruktur in direktem Zusammenhang mit der Aktivität der Mikroorganismen im Boden steht. Im Gegensatz zur Textur, die nur schwer verändert werden kann (außer Sie transportieren tonnenweise Sand oder Ton in Ihren Garten!), kann die Struktur durch gezielte Ernährung der Mikroorganismen verbessert und erhalten werden!

Krümelige Struktur

Die krümelige Struktur ist die **ideale Bodenstruktur**, die erstrebens- und erhaltenswert ist. Warum? Ganz einfach, weil sie

KRÜMELIGE STRUKTUR

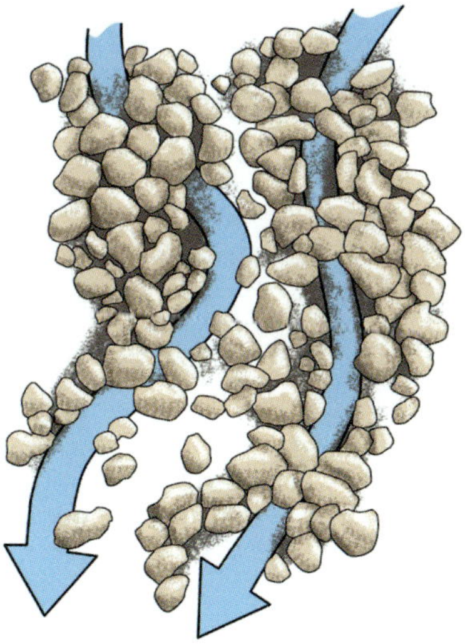

In Regenzeiten oder bei Bewässerung macht die krümelige Struktur eine gute Entwässerung möglich.

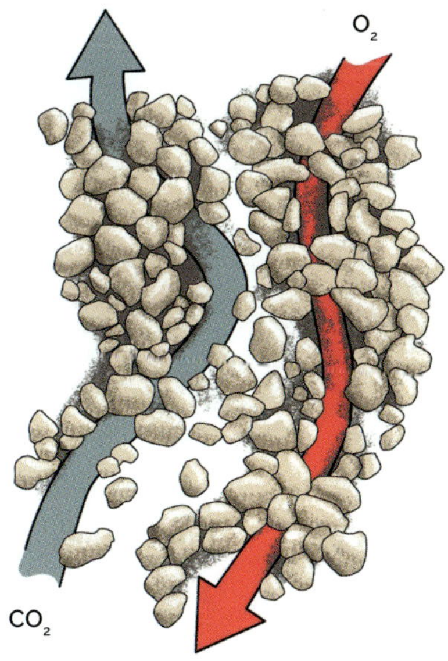

Nach erfolgter Trocknung* begünstigt die krümelige Struktur den Gasaustausch (Aufnahme von Sauerstoff, Ausscheidung von Kohlendioxid).

Eine krümelige Struktur.

sowohl die **beste Luft- als auch Wasserzirkulation** erlaubt und dies die beiden Hauptfaktoren für das Pflanzenwachstum sind. Der Schlüssel zu einer solchen Struktur ist Aggregation*, ein dynamisches Phänomen, das Sie beeinflussen können. Darauf wird auf S. 56 im Detail eingegangen.

Organische Substanz

Da die Böden vorwiegend aus anorganischer Substanz bestehen, fällt der Rest, der von den Lebewesen kommt und den man als organisches Material bezeichnet, kaum ins Gewicht ... zumindest, wenn man ihn wiegt! Die organische Substanz macht im Allgemeinen **1 bis 10 % des Bodens** aus, in den Böden unserer Gärten liegt der Anteil im Durchschnitt bei 3 bis 5 %. Und dennoch: Diese kleine Menge an Prozentpunkten ist von größter Bedeutung für mehrere agronomische Eigenschaften unserer Böden: für ihre krümelige Struktur, ihre Fähigkeit, Wasser und Mineralstoffe zu speichern, Nährstoffe für Pflanzen bereitzustellen, ihre Widerstandsfähigkeit gegenüber Verdichtung ...

Was sind organische Substanzen?

Organische Substanzen umfassen **alle Lebewesen**, gleichgültig ob es sich um Pflanzen, Tiere oder um Mikroorganismen handelt, sowie **alles, was sie** in ihre Umwelt **ausscheiden**: Fäkalien*, alles, was bei Mauser, Häutung oder Fellwechsel abgeworfen wird, sowie verschiedene Exkrete. Aus chemischer Sicht umfasst die organische Substanz all jene Moleküle, die zumindest aus Kohlenstoff*, Sauerstoff und Wasserstoff bestehen. Stickstoff, Phosphor* und Schwefel sind sehr oft an Kohlenstoff, Sauerstoff und Wasserstoff gebunden. Zu den organischen Stoffen, die wir gut kennen, zählen Fette oder Kohlenhydrate, die aus Kohlenstoff, Sauerstoff und Wasserstoff bestehen. Proteine enthalten zusätzlich noch Stickstoff, Phosphor und Schwefel. Bei Pflanzen ist der Großteil der Masse an organischen Stoffen in den Zellwänden der Pflanzenzellen konzentriert, wo sie die Form von Makromolekülen annehmen. Dazu zählen insbesondere Zellulose* und Lignin, die gewissermaßen das Skelett der Pflanze bilden.

Organische Stoffe im Boden

Im Boden sind organische Stoffe in verschiedenen Formen anzutreffen: in Fetten, Kohlenhydraten, Proteinen sowie als innerer oder äußerlicher Bestandteil von den selbst sehr vielfältigen, toten oder lebendigen Lebewesen. Diese sehr hohe Diversität der organischen Substanz kann unmöglich genau gemessen werden. Jedoch ist man in der Lage, die Menge an Kohlenstoff in einem Boden exakt zu bestimmen. Der Kohlenstoffgehalt des organischen Materials im Boden beträgt etwa 58 %. Die restlichen 42 % setzen sich aus anderen

Organischer und anorganischer Kohlenstoff

Kohlenstoffatome sind nicht nur in organischer Substanz vorhanden, sondern auch in anorganischer, wie zum Beispiel in Diamanten. Machen Sie sich aber nicht auf die Suche danach, denn in Ihrem Garten werden Sie mit hoher Wahrscheinlichkeit keine finden! Je nach Region, in der Sie leben, kann es jedoch der Fall sein, dass sich sehr viel Kohlenstoff in Form von Kalziumkarbonat ($Ca(CO_3)_2$) in Ihrem Garten befindet. Man unterscheidet folglich organischen Kohlenstoff von anorganischem oder mineralischem Kohlenstoff. Eine herkömmliche Bodenanalyse kann zwischen diesen beiden Formen von Kohlenstoff unterscheiden.

Atomen zusammen, die an Kohlenstoff gebunden sind: Sauerstoff, Wasserstoff, Phosphor, Stickstoff etc.
Die Labore, die sich mit Bodenanalysen beschäftigen, messen also den Kohlenstoffgehalt des Bodens, den sie mit dem Faktor 1,72 multiplizieren: Daraus ergibt sich der Gehalt an organischem Material (58 % C x 1,72 = 100 % OM).

Ursprung des organischen Materials im Boden

Das organische Material im Boden entsteht durch natürliche Oberflächenaktivitäten, also hauptsächlich durch die dort wachsenden Pflanzen. In unseren gemäßigten Wäldern wird der größte Beitrag im Herbst durch den Laubfall geleistet. Auf den Wiesen ist die Zufuhr entweder über das ganze Jahr verteilt oder folgt auf Frost- oder Trockenperioden. Diese Zufuhr an Pflanzenteilen wird durch totes tierisches Material ergänzt. Dieses ist zwar weniger ergiebig, enthält aber sehr viele Mineralstoffe, vor allem Stickstoff und Phosphor (Ausscheidungen, Aas). Die Zufuhr von pflanzlichen Stoffen beschränkt sich nicht nur auf oberflächliche Teile, die sich am Boden ansammeln (Blätter, abgestorbene Äste, Früchte etc.) und die die Streu bilden, sondern die Pflanzen liefern dem Boden auch unterirdisch viel organisches Material: Einerseits geschieht das durch ihre Wurzeln, die die Pflanze im Laufe ihres Wachstums und nach ihrem Absterben abstößt (da das Wurzelsystem ständig erneuert wird), andererseits durch Wurzelexsudate, welche eine Pflanze mithilfe ihrer aktiven Wurzeln ihr ganzes Leben hindurch absondert. Dies stellt die Rhizodeposition* dar, auf welche wir noch im Detail eingehen werden.
Zusammenfassend ist festzuhalten, dass das tote organische Material, das von den Pflanzen kommt, **folgenden Ursprungs** ist:

- Oberflächliche Teile (Blätter, Stängel, Äste, Früchte), die zu Boden fallen und die Streu bilden.
- Abgestorbene Wurzeln.
- Rhizodeposition.

Die Zersetzung der oberflächlichen Teile und der Wurzeln dauert relativ lange, da die Zellwände der Pflanzenzellen Makromoleküle enthalten, die nur schwer zerfallen (Zellulose, Lignin). Es bedarf der Arbeit einer ganzen Armee an Destruenten* – die später vorgestellt werden –, damit der Boden sie zersetzen kann. Andere Moleküle wiederum, die Teil der Rhizodeposition sind, sind sehr klein (Einfachzucker, Aminosäuren, organische Säuren) und werden sehr schnell von den Bakterien in der unmittelbaren Umgebung der Wurzeln genutzt. Die organischen Säuren, die in den Wurzelexsudaten enthalten sind, tragen auch dazu bei, die Minerale im Boden aufzulösen und leisten so einen Beitrag zur Pedogenese.

Humus oder die Speicherung von organischem Material im Boden

Humus macht etwa **90 % der organischen Stoffe im Boden** aus und ist daher die Lagerungsform von organischem Material im Boden.

Woher kommt Humus?

Sobald ein Blatt am Boden landet, siedeln sich dort zahlreiche Lebewesen an, die unter der Bezeichnung Destruenten zusammengefasst werden. Der Laubfall ist der erste Schritt der Humusbildung. Humus kann als die **Gesamtheit der organischen Bodenbestandteile** definiert werden, die nicht mit freiem Auge erkennbar sind und auf solche Art und Weise verändert wurden, dass ihr Ursprung nicht mehr feststellbar ist (pflanzlich: Teile von Blättern, Holz etc., tierisch: Exkremente, Federn, Fell oder Haut, Aas).
Sobald sich der Humus einmal gebildet hat, ist er relativ schwer zersetzbar. Der

Beweis: Er sammelt sich im Laufe der Jahre im Boden an. Humus ist schwer auszumachen, da er in den meisten Böden eng an Minerale gebunden ist, hierbei vor allem an Ton. Allerdings ist er an Stellen, wo er sich in großen Mengen ansammelt, wie unter der Streu im Wald oder in alten Komposthaufen, sichtbar. Es handelt sich um diese schwarze, im Allgemeinen feuchte Substanz, die der Erde ihre dunkle Farbe verleiht.

Partikuläre organische Substanz und adsorbierte organische Substanz

Je nach Größe der Teilchen der organischen Substanz unterscheidet man zwischen partikulärer organischer Substanz, die größer als 0,05 mm ist, und der kleineren, mit bloßem Auge nicht erkennbaren organischen Substanz, die eng mit den kleinsten Mineralen im Boden, Schluff und Ton, verbunden ist. Die partikuläre organische Substanz kommt von zerkleinerter Streu oder wird mit Kompost zugeführt. Sie ist neben Sandkörnern oder Aggregaten* deutlich sichtbar. Sie fügt sich nach und nach in letztere ein und wird zu adsorbierter organischer Substanz, welche man auch unter die mineralische Substanz des Bodens subsumiert (in der untenstehenden Grafik beige markiert). Der Humus ist Teil dieser adsorbierten organischen Substanz, welche aber auch noch aus anderen Molekülen, zum Beispiel Polysacchariden*, besteht, die für die krümelige Struktur verantwortlich sind (s. S. 56).

PARTIKULÄRE ORGANISCHE SUBSTANZ UND ADSORBIERTE ORGANISCHE SUBSTANZ DES BODENS

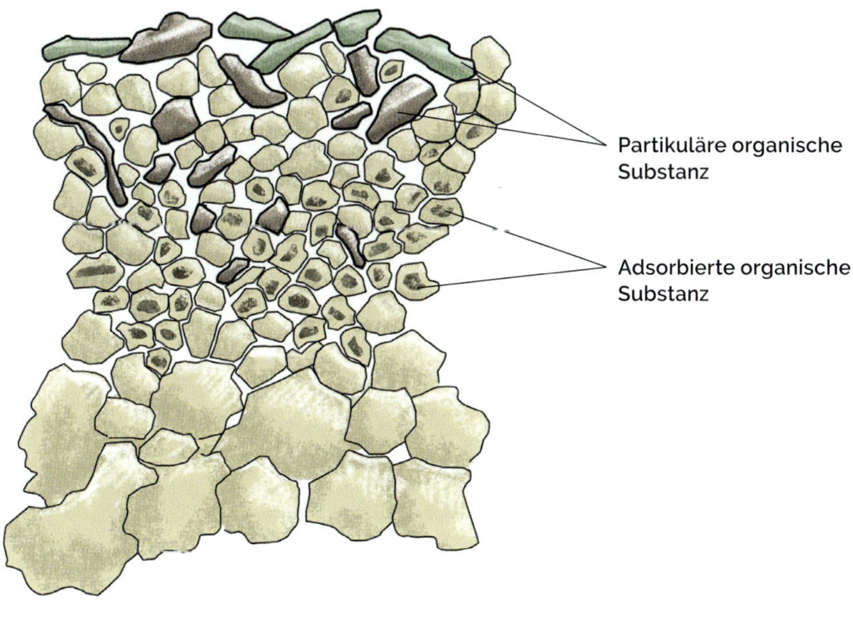

Kompost, der dem Garten zugeführt wird, hier unter einer Mulchschicht, bildet eine humusreiche Schicht nach, wie sie von der Streu auf einem Laubwaldboden gebildet wird.

Wie benennen Forscher den Humus?

Wissenschaftler, die sich mit der organischen Substanz im Boden beschäftigen, verwenden den Ausdruck „Humus" nicht mehr. Sie bevorzugen es, von amorpher oder humifizierter organischer Substanz zu sprechen. Dies bedeutet nicht etwa, dass das, was bisher von allen, auch in der Welt der Wissenschaft, „Humus" genannt wurde, nun nicht mehr existiert. Es bedeutet ganz einfach, dass der Begriff komplexer ist, als bisher angenommen wurde. Diese Komplexität liegt gleichermaßen an der biochemischen Vielfalt (es gibt auf der Erde zweifellos keine zwei „humosen" Moleküle, die einander gleichen!) wie an den Verbindungen zum anorganischen Teil des Bodens (Tonminerale, Schluffe, Anordnungen im Inneren der Aggregate) und an der Biodiversität der Lebewesen, die an seiner Entstehung beteiligt sind.

Humus verbessert die Bodeneigenschaften …

Die wichtigste Funktion von Humus besteht darin, die Bodeneigenschaften zu verbessern.

… von sehr tonigen Böden

Tonböden sind reichhaltig, da sie Wasser und Pflanzennährstoffe gut speichern. Ihre Bearbeitung gestaltet sich hingegen schwierig, und im Frühjahr werden sie nur langsam warm. Humus macht solche Böden leichter, und seine schwarze Farbe trägt dazu bei, dass sich der Boden schneller aufwärmt.

… von sehr sandigen Böden

In Sandböden ist eine andere Eigenschaft des Humus maßgebend. Diese Böden benötigen keinen Humus, um luftig zu sein, da die grobe Struktur des Sands dafür ausreichend ist. Im Gegensatz zu tonigen Böden können Sandböden jedoch weder Wasser noch Nährstoffe speichern. Hier greift der Humus ein, indem er die Unzulänglichkeit der Tonminerale diesbezüglich ausgleicht. Humusreiche Substanzen sind tatsächlich bis zu zehn Mal effektiver als Tonminerale, wenn es darum geht, Wasser und Nährstoffe zu speichern.

… und von „durchschnittlichen" Böden

Der Gehalt an Sand und Ton (und an Schluff, mittelgroße Partikel, deren Größe zwischen der von Sand und der von Ton liegt) kann je nach Boden extrem unterschiedlich sein, sodass je nach Prozentanteilen (zur Textur des Bodens s. S. 17) jeweils eine andere Funktion des Humus zum Tragen kommt. In allen Fällen wirkt sich der Humus positiv aus und erlaubt es sogar, der natürlichen Entwicklung des Bodens entgegenzuwirken, die nicht immer unbedingt förderlich ist, wenn man darauf Pflanzen anbauen möchte. Dies gilt vor allem für die ozeanische Klimazone, in der die Winter sehr regnerisch sind, sodass die Tonteilchen immer tiefer in den Boden gespült werden und die Böden an der Oberfläche auslaugen. Humus, welcher organo-mineralische Verbindungen eingeht (wie der Ton-Humus-Komplex), verlangsamt diese Entwicklung, indem die kleinsten Minerale, darunter vor allem Tonminerale, nahe der Oberfläche gehalten werden.

Humus ist eine Energie- und Nährstoffquelle

Die zweite Funktion des Humus besteht darin, die Bodenlebewesen mit Energie* und Nährstoffen zu versorgen. Da Humus nicht verrottet, neigt er dazu, sich im Boden anzusammeln, was es möglich macht, dass organisches Material über lange und sogar sehr lange Zeiträume (von mehreren Jahrhunderten) im Boden gespeichert wird. Dabei wird Kohlenstoff gespeichert, da er der Hauptbestandteil von Humus ist, aber auch Nährstoffe, wie vor allem Stickstoff. Kohlenstoff stellt einen Energievorrat dar, welcher es den Mikroorganismen

erlaubt, sich zu entwickeln, selbst wenn dem Boden nicht regelmäßig neues organisches Material zugeführt wird. Indem sie den Humus abbauen, setzen die Mikroorganismen Stickstoff frei, welcher dann von den Pflanzen aufgenommen werden kann. (Dieser Vorgang wird als sekundäre Mineralisation bezeichnet, s. S. 62.)
Die Mengen, die den Pflanzen so zur Verfügung gestellt werden, können beträchtlich sein: In Weizenkulturen wurde über mehrere Jahre eine beachtliche Zufuhr festgestellt, ohne dass Stickstoffdünger zugeführt worden wäre. Dieser Stickstoff entsteht bei der Mineralisation von Humus.

Ein Vorrat, der geschützt …

Aber Vorsicht: Die Entstehung eines beachtlichen Humusvorrats hat Jahrhunderte gedauert. Er kann nun innerhalb weniger Jahrzehnte beinahe zur Gänze aufgebraucht werden. Das Ergebnis ist nicht nur ein Boden, der arm an Nährstoffen ist, sondern eine direkte Bedrohung für den Boden: Seine Struktur verschlechtert sich, Wasser und Wind tragen die anorganischen Teile davon, er verdichtet sich, wird immer schwerer bearbeitbar und die Lebewesen verschwinden. Eine solche Situation wieder gerade zu biegen ist viel schwieriger, als dem Boden von vornherein regelmäßig organische Substanz zuzuführen.

… und erhalten werden muss!

Die vernünftigste Lösung besteht darin, den Humusvorrat zu erhalten, indem dem Boden regelmäßig organische Substanz zugeführt wird. Im Wald tragen hauptsächlich die Blätter zur Bildung von Humus bei (aber nicht nur: auch Äste und Stämme von Bäumen, die zu Boden fallen, Exkremente und Tierkadaver etc.). Im Garten sind die Blätter der Bäume nicht ausreichend, um den Humusvorrat zu erhalten. Dort ist es notwendig, den Boden zuzudecken sowie Mist und vor allem Kompost zuzuführen. Auf all dies wird im zweiten Teil eingegangen.

Die Bewohner des Bodens

Sie sind sowohl sehr zahl- als auch sehr facettenreich. Machen Sie sich selbst ein Bild: Unter 1 ha Wiese (100 x 100 m) befinden sich etwa 3 t Pilze, 1,5 t Bakterien, 1 bis 2 t Regenwürmer und noch viele andere Lebewesen: Algen, Protozoen, Nematoden, Insekten, Asseln, Tausendfüßler etc. Insgesamt wiegen die Bewohner von 1 ha etwa 6 t und damit weit mehr als die Handvoll Kühe, die auf derselben Fläche weiden!

Eine unglaubliche Vielfalt

Der Boden ist die Sphäre der Wirbellosen: Gliederfüßer, Würmer ... (s. Klassifizierung auf S. 153). Er beschränkt sich jedoch nicht nur auf diese, da er auch einigen Wirbeltieren Nahrung und/oder Platz für ihren Unterschlupf bietet (Maulwurf, Wühlmaus und anderen Nagetieren).
Der Großteil der Bodenlebewesen sind Destruenten, die sich von abgestorbener organischer Substanz – in erster Linie pflanzlichen Ursprungs – ernähren. Eigene Nahrungsketten kommen in der mikroskopisch kleinen Sphäre der Zersetzung zum Tragen. In diesen fressen Insekten Milben, Protozoen fressen Bakterien, und diese wiederum werden möglicherweise Futter von Nematoden ... Für die Spezialisten für Bodenlebewesen gibt es noch viel zu entdecken, da erst 10 % der im Boden beheimateten Lebewesen erforscht sind.

Vom Größten bis zum Unsichtbaren

Die im Boden lebenden Tiere werden ihrer Größe nach – von den größten bis zu den kleinsten – eingeteilt: Megafauna, Makrofauna, Mesofauna und Mikrofauna (s. Tabelle unten). Dazu kommt die Mikroflora*, die mit dem bloßen Auge überhaupt nicht erkennbar ist. Je tiefer man in den Boden vordringt, desto kleiner werden die Bodenporen, und auch die Größe der Lebewesen nimmt mit zunehmender Tiefe ab. Nur jene großen Tiere, die in der Lage

EINTEILUNG DER BODENLEBEWESEN NACH GRÖSSE

	Größenordnung der Kategorien	**Hauptvertreter**	**Stufe in der Abbaukette**
Megafauna	Größer als 8 cm	Maulwurf, Wühlmaus, große, anektische Regenwurmarten	Erste Stufe
Makrofauna	Von 4 mm bis 8 cm	Regenwürmer, Enchyträen, Insekten, Asseln, Tausendfüßler, Bauchfüßler	
Mesofauna	Von 0,2 bis 4 mm	Springschwänze, Milben, Nematoden	Zweite Stufe
Mikrofauna und Mikroflora	Kleiner als 0,2 mm	Protozoen, Pilze, Bakterien, Algen, sehr kleine Nematoden	Dritte Stufe

sind, Gänge zu graben, wie anektische* Regenwurmarten, dringen in tiefliegende Schichten vor.

Größe und Mobilität

Die Mobilität steigt mit der Größe: Megafauna und Makrofauna können sich über einen Bereich von mehreren Metern fortbewegen, die Mesofauna schon nur mehr in einem wesentlich kleineren Bereich, in einer Größenordnung von maximal einigen Zentimetern. Was die Mikrofauna und die Mikroorganismen angeht, ist deren Bewegungsspielraum im Allgemeinen auf Bereiche unterhalb der Millimetermarke beschränkt! Das bedeutet nicht, dass sie im Laufe ihres Lebens gar nicht herumkommen können. Ein Bakterium, das von einem Regenwurm verschluckt worden ist, kann eine Entfernung zurücklegen, die proportional einer Linienflugreise eines Menschen entspricht! Dennoch bleiben die Bodenlebewesen, ungeachtet der Entfernungen, die sie möglicherweise zurücklegen, in den meisten Fällen in den ersten 20 cm des Bodens.

Fließbandarbeit

Die Arbeit der Bodenfauna stellt eine regelrechte Abbaukette dar. Bodenbiologen unterscheiden je nach Größe des Abfalls und der Destruenten drei Stufen: Die erste wird von Megafauna und Makrofauna gebildet, die zweite von der Mesofauna und die dritte von der Mikrofauna (s. S. 31). An der Seite dieser Bodenfauna, aber auch im Verdauungstrakt jedes einzelnen Vertreters dieser Gruppe schalten sich

ZERSETZUNG EINES BUCHENBLATTS

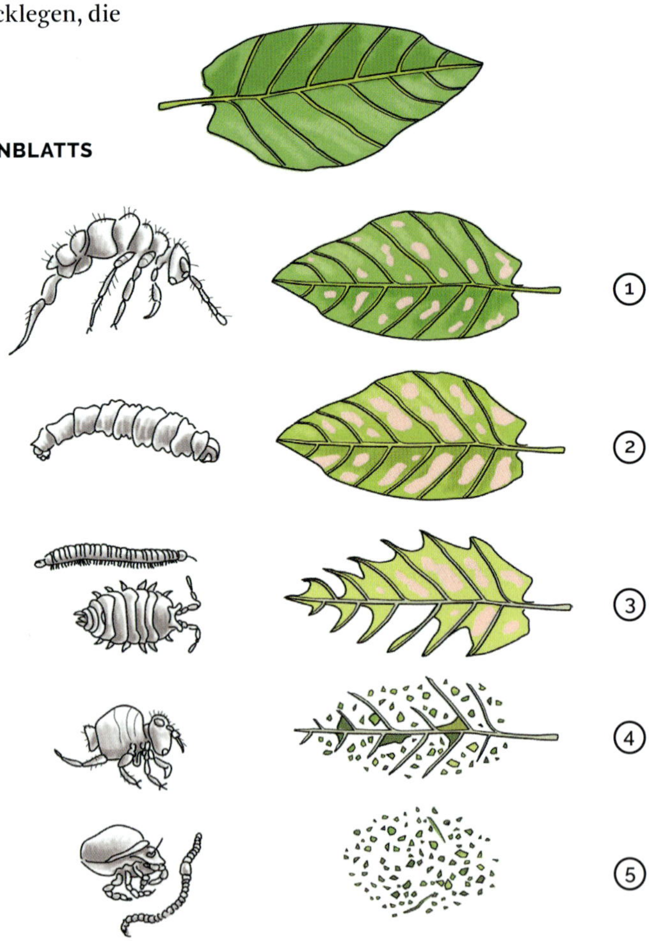

① Springschwänze durchlöchern das Blatt und ebnen so Bakterien und Pilzen den Weg.

② Larven von Zweiflüglern setzen diese Arbeit fort.

③ Die Makroarthropoden kommen ins Spiel, indem sie die Blätter zerschneiden und die Blattadern angreifen.

④ Die Aktivität der Bakterien und Pilze nimmt zu.

⑤ Noch kleinere Tiere setzen die Zerkleinerungsarbeit fort.

die kleinsten Lebewesen – Bakterien und Pilze – ein. Sie setzen jene Minerale frei, die die Pflanzen zum Wachsen benötigen. Vertreter der Megafauna und der Makrofauna sind hierbei effektive „Pflüger“: Sie vergraben und vermischen die in verschiedenen Stadien der Zersetzung befindlichen organischen Abfälle. So steigern sie die Porosität des Bodens, was allen anderen Destruenten im Boden Luft zum Atmen verschafft.

Makrofauna (von 4 bis 80 mm)

Die Makrofauna ist uns am vertrautesten, da bestimmte ihrer Vertreter entweder an der Erdoberfläche leben oder bei der Bodenbearbeitung schnell sichtbar werden.

Der Regenwurm ist der Hauptvertreter der Makrofauna, aber um ihn herum finden sich auch zahlreiche andere Tiere, die unterschiedlichsten Familien angehören: Enchyträen, Insekten, Asseln, Tausendfüßler oder Bauchfüßler. All diese Tiere gehören zur ersten Stufe der Abbaukette. Das bedeutet, sie werden vor ihren kleineren, zur Mesofauna gehörenden Kollegen aktiv.

Der Regenwurm, der König des Bodens

In Europa gibt es ein paar Dutzend Regenwurmarten, auch *Lumbricus* genannt, die für Laien nur schwer zu unterscheiden sind. Relativ einfach ist es hingegen, zu erkennen, welcher der drei wichtigsten ökologischen Gruppen – anektische, endogäische*und epigäische* Arten – ein Regenwurm angehört.

Pflanzen wurden von einem anektischen Regenwurm in seinen Gang gezogen.

Bevor die Pflanzen vom Regenwurm gefressen werden, werden sie von Mikroorganismen im Boden vorverdaut.

***Anektische** Arten sind am größten. Sie kommen nachts zum Fressen an die Oberfläche.*

Anektische Arten

Hierbei handelt es sich um die **am häufigsten vertretene** und **größte Regenwurmart** (sie machen ungefähr 80 % der Gesamtmasse an Regenwürmern aus). Ihre Haupteigenschaft, durch die sie sich von den beiden anderen Arten unterscheidet, ist, dass sie zwar unter der Erde leben, aber **zum Fressen an die Oberfläche** kommen. Sie graben dazu im Wesentlichen vertikale Gänge und besitzen eine starke Muskulatur, die ihnen erlaubt, sich fortzubewegen und Pflanzenabfälle in ihre Gänge zu ziehen, die dort dank der Aktivität von Bakterien und Pilzen im Boden beginnen, zu verrotten (s. Fotos auf S. 33). Einer der in unserer Klimazone am häufigsten vorkommenden Vertreter ist der Gemeine Regenwurm, *Lumbricus terrestris*.

Endogäische Arten

Endogäische Arten stellen die zweitgrößte Gruppe in Bezug auf ihre Vertreterzahl dar (20 % der Gesamtmasse). Sie **leben tief in der Erde** und meiden das Licht an der Bodenoberfläche. Sie besitzen keine Hautpigmente und weisen daher eine blasse, beige oder weißliche Färbung auf, je nach Typ des Bodens, in dem sie sich aufhalten. Sie haben eine eher zylindrische Form mit abgerundeten Enden. Sie bewegen sich nur sehr langsam im Boden fort, meist, indem sie einerseits an ihrem Vorderende Erde fressen, welche ihre Hauptnahrungsquelle darstellt, und andererseits, indem sie am Hinterende Ausscheidungen in ihren Gängen tätigen. Eigentlich kann man nicht wirklich von Gang sprechen, da der Wurm diesen ganz ausfüllt und er an beiden Enden verstopft ist: am Vorderende des Wurms von noch nicht gefressener Erde und am Hinterende von ausgeschiedener Erde. Diese endogäischen Arten sind meist sehr weich, da sie wenig muskulös sind, weil sie sich kaum fortbewegen. Ihr Körper besteht praktisch nur aus einem Darm, welcher so lang sein muss wie möglich, damit die in der Erde nur spärlich vorhandene organische Substanz verdaut werden kann.

***Endogäische** Regenwürmer sind langgestreckt, verbleiben in der Erde und bewegen sich waagrecht und nur sehr langsam fort. Sie sind wenig pigmentiert (hier an die Oberfläche geholt, um sie fotografieren zu können).*

***Epigäische** Regenwürmer bleiben an der Oberfläche. Im Gemüsegarten trifft man sie vor allem im Gras rund um die Gemüsebeete unter Mulch und natürlich auch im Kompost an.*

Erste tierische Masse auf dem Festland

So überraschend es auch klingen mag, die erste tierische Biomasse auf dem Festland war jene der Regenwürmer. Sie existieren in allen guten Böden, wo ihre Masse bis zu 4 t pro Hektar ausmacht (40 g pro m^2), wie zum Beispiel in einer schönen fruchtbaren Wiese. In kargen Böden hingegen, oder wenn die Regenwurmpopulation aufgrund intensiver landwirtschaftlicher Bewirtschaftung dezimiert wurde (Regenwürmer sind empfindlich gegenüber Pestiziden), kann ihre Masse auf lediglich ein paar Dutzend Kilogramm pro Hektar absinken. In Europa konnte ein Durchschnitt von etwa 1 t pro Hektar erhalten werden.

Später werden wir uns ansehen, wie die Regenwürmer für die Makroporosität des Bodens sorgen (S. 53).

DIE DREI GRUPPEN VON REGENWÜRMERN

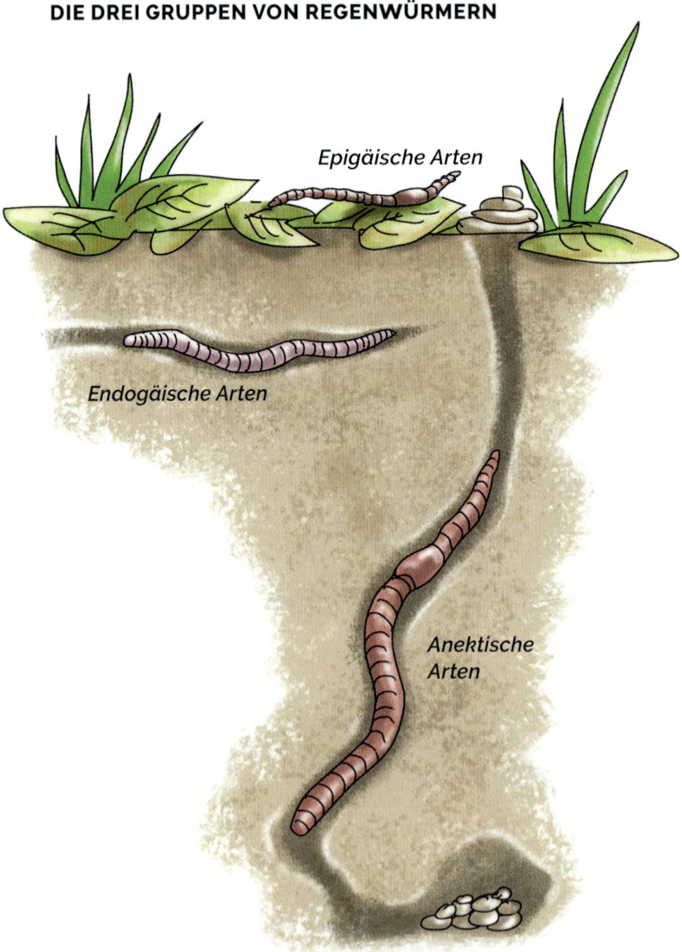

Epigäische Arten

Epigäische Arten **leben an der Bodenoberfläche**, vor allem in der Streu.
In dieser Streu haben sie ihre meist rötliche Hautfarbe entwickelt, um in dieser Umgebung gut getarnt zu sein (im Herbst fallen rote Blätter von den Bäumen). Da sie nicht unter der Erde leben, sind sie ihren Fressfeinden (Vögel, kleine Säugetiere, Insekten ...) in hohem Maße ausgeliefert und müssen daher so unauffällig wie möglich sein. Diese Gruppe ist die kleinste unter den Regenwürmern und macht etwas weniger als 1 % der Gesamtmasse aus. Um ihren Fressfeinden zu entkommen, sind diese Regenwürmer auch dünn und im Vergleich zu den anderen beiden ökologischen Gruppen relativ lebhaft. Sie erreichen ihre endgültige Größe sehr schnell, damit sie sich möglichst schnell fortpflanzen können. Es sind diese Regenwürmer, die man auch im Kompost entdecken kann, denn dort finden sie reichlich Nahrung in Form von verrottenden Pflanzen.

Enchyträen

Sie sind weißlich und viel kleiner als die Regenwürmer, da sie durchschnittlich nur 1 bis 2 cm lang werden (4,5 cm maximal), aber sie gehören auch zur Ordnung, die alle Regenwurmarten umfasst. Sie leben im Boden in einer Tiefe von bis zu 10 cm und bewegen sich dort entsprechend der Feuchtigkeits- und Temperaturverhältnisse. Sie fressen Pflanzenabfälle oder Exkremente von Springschwänzen (s. S. 43).
Sie graben schmalere Gänge als Regenwürmer und ergänzen die Arbeit von Letzteren, indem sie für eine noch feinere Durchlüftung des Bodens sorgen. Sie tragen durch ihre sehr stabilen Exkremente auch zur Gefügestabilität* des Bodens bei.

Enchyträen sind in den ersten 10 cm des Bodens beheimatet.

Ameisen haben die Erde gelockert. Die schwarzen Löcher sind die Eingänge zu ihren Gängen.

Insekten

Die Insekten, die zur Makrofauna gehören, nützen den Boden, indem sie dort ihre Bauten konstruieren, wie die Ameisen und Termiten. Andere Arten wiederum verbringen nur einen Teil ihres Lebenszyklus im Boden, hierbei hauptsächlich das Larvenstadium. Viele Tiere, die wir als „Würmer" bezeichnen, sind in Wirklichkeit Insektenlarven, insbesondere jene von Zweiflüglern und Käfern. Diese Larven sind mehr oder weniger groß und ergänzen die Bioturbation* der Regenwürmer, vor allem in den ersten Zentimetern des Bodens. Die Insektenlarven sind effizient bei der Zerteilung von Pflanzenabfällen. Manche fressen auch Aas und Tierexkremente, vor allem jene von Wirbeltieren. Andere sind Fressfeinde verschiedener Wirbelloser oder ernähren sich von Pilzen.

Eulenfalterlarve (Insekt aus der Ordnung der Lepidoptera), ca. 3 cm groß.

Hummeln bauen ihr Nest im Boden.

Assel (etwa 1 cm groß).

Saftkugler, aus der Klasse der Doppelfüßer, ähnelt der Assel stark (1 cm groß).

Asseln

Vom Gesichtspunkt der Einteilung her sind Asseln näher verwandt mit Hummern als mit Insekten! Tatsächlich handelt es sich um **Krustentiere**, die einzigen solchen Vertreter der Gliederfüßer auf dem Festland. Sie lieben eine feuchte Umgebung und ernähren sich von Blättern, abgestorbenem Holz und Pilzen. Dabei spielen sie eine wichtige Rolle in den ersten Etappen der Zerkleinerung von pflanzlichem Abfall. Ihr Verdauungstrakt beheimatet eine reiche und vielseitige Mikroflora, welche die in den Zellwänden der Pflanzenzellen enthaltene Zellulose zersetzt. Auch im Kompost sind Asseln in großer Zahl anzutreffen.

Tausendfüßler

Die europäischen Arten dieser auch als Myriapoda bezeichneten Insekten werden zwischen 5 mm und 5 cm lang. Man unterscheidet zwischen Doppelfüßern (diese haben zwei Paar Füße pro Segment), die zu den Destruenten gehören (Saftkugler, Schnurfüßer ...) und Hundertfüßern (diese besitzen nur ein Paar Füße pro Segment) (Erdläufer, Steinläufer, Riesenläufer ...), die Fleischfresser sind. Die Doppelfüßer zerstückeln die pflanzlichen Abfälle, ähnlich ihren entfernten Verwandten, den Asseln. Bestimmte Doppelfüßer, wie die Saftkugler, ähneln Asseln zwar sehr, sind jedoch im Hinblick auf die Klassifizierung mit ihnen nur sehr entfernt verwandt. Dies lässt sich bei den Tieren des Bodens sehr oft beobachten: gleiche Funktion führt zu anatomischen Ähnlichkeiten. Damit sie noch effizienter sein können, sind Doppelfüßer auch koprophag*: Sie fressen ihre eigenen Fäkalien mehrmals und lassen die Bakterien zwischen den einzelnen Malen an ihrer Stelle die organische Substanz verdauen, was vor allem durch die Zersetzung der Zellulose geschieht. Hundertfüßer sind ihrerseits sehr effiziente Nützlinge* im Garten, da sie Raupen, Nacktschnecken, Blattläuse etc. fressen.

Doppelfüßer, die zwei verschiedenen Arten angehören, aus einem Regenwurmgang geholt (2 cm groß).

Bauchfüßler

Bauchfüßler, deren bekannteste Vertreter Schnecken und Nacktschnecken sind, kommen auf feuchten Böden und feuchter Streu in großer Zahl vor. Von Gärtnern werden sie eher als Schädlinge eingestuft. Allerdings spielen sie eine wichtige Rolle im Boden, in dem sie bis in eine Tiefe von 10 cm aktiv sind. Im Winter und im Sommer graben sie sich noch tiefer ein, um sich vor Kälte und Trockenheit zu schützen. Ihre Exkremente, die aus grünen oder abgestorbenen, fein zerkleinerten Blättern bestehen, sind sehr enzymreich: Sie enthalten vor allem Cellulase. Wie der Schleim der Regenwürmer trägt auch der Schleim, den Schnecken produzieren, um sich fortzubewegen, zur Bildung von Aggregaten im Boden bei. Obwohl der Großteil der Schnecken phytophag* ist, gibt es doch ein paar fleischfressende Bauchfüßler, wie zum Beispiel die Rucksackschnecke*, die in Frankreich häufig vorkommt und zunehmend nach Mitteleuropa einwandert.

Schnecken spielen eine wichtige Rolle im Boden.

Mesofauna (0,2 bis 4 mm)

Bis auf die größten Springschwänze, die mit freiem Auge erkennbar sind, zeigen sich die Vertreter der Mesofauna erst unter einem Stereo- oder einem Lichtmikroskop: kleine Springschwänze, Milben, Nematoden. Die Mesofauna stellt die zweite Stufe der Abbaukette dar und wird nach der Makrofauna aktiv.

Springschwänze

Springschwänze sind kleine, flügellose Insekten, die in den ersten paar Zentimetern unter der Bodenoberfläche beheimatet sind. Die größten von ihnen kann man bei der Gartenarbeit beobachten: Sie sind vollkommen weiß, länglich, bewegen sich sehr schnell fort und schwenken dabei ständig ihre Fühler. Die kleineren, bunten hingegen sind schwer auszumachen, da sie kleiner als 1 mm sind. Der Großteil der Springschwänze sind die letzten Aasfresser in der Abbaukette, bevor die Bakterien zum Zug kommen, die für die abschließende Mineralisation der organischen Substanz sorgen. Springschwänze fressen auch Bodenpilze, was deren Wachstum anregt.

Springschwanz (max. 4 mm lang).

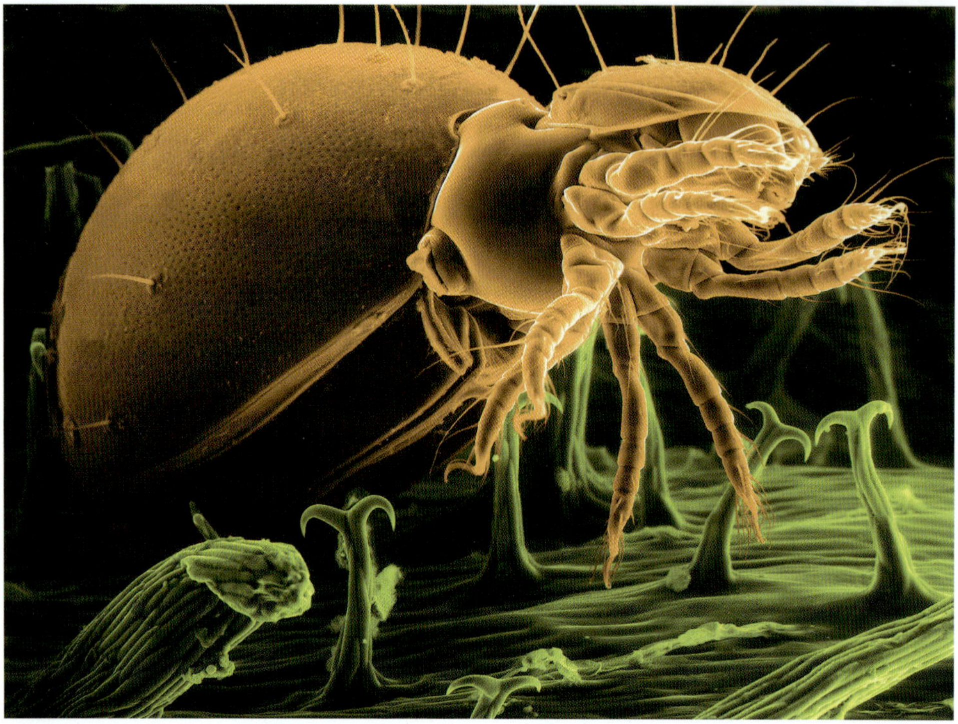

Hornmilbe (tatsächliche Größe: zwischen 0,5 und 1 mm).

Nematoden (0,5 bis max. 3 mm lang).

Milben

Bestimmte Milben, wie Raubmilben und Prostigmata, sind Fleischfresser, aber die im Boden am häufigsten vorkommende Ordnung ist jene der Hornmilben. Wie auch die Springschwänze sind Hornmilben Phytosaprophagen* und Mikrophagen*. Sie kommen in allen Böden der Erde vor.

Nematoden

Ihren Namen, der aus dem Altgriechischen kommt und „Faden" bedeutet, tragen sie zu Recht. Bei Nematoden handelt es sich nämlich um winzige Würmer, die keine Segmente besitzen und zwischen 0,5 und maximal 3 mm lang werden, die aber nicht dicker werden als ein Haar. Sie sind in allen Böden heimisch und sehr zahlreich. Pro Kubikzentimeter beträgt ihre Zahl etwa 10.000, darunter etwa 100 verschiedene Arten. Nematoden sind mikrophag, pflanzen- oder fleischfressend. Pflanzenfressende Arten werden durch das regelmäßige Auftreten ihrer Wirtspflanze begünstigt.

Mikrofauna und Mikroflora (unter 0,2 mm)

Diese wird von den kleinsten Lebewesen gebildet. Sie sind mit freiem Auge nicht erkennbar, weil sie weniger als 0,2 mm, und was die Bakterien betrifft, sogar weniger als 2 µm (0,001 mm) groß sind. Sie stellen die dritte Stufe der Abbaukette und damit die allerletzte Phase der Zersetzung der organischen Substanz dar. Im Zuge dieser werden Mineralstoffe freigesetzt, die direkt von den Pflanzen genutzt werden können (Nitrat, Phosphat ...). Die Mikrofauna besteht zum Großteil aus Protozoen, die Mikroflora aus Pilzen, Bakterien und Algen.

Wimpertierchen (ca. 0,2 mm).

Pilze, Meister bei der Zersetzung von Lignin.

Protozoen

An der Grenze zwischen Tier- und Pflanzenreich stehen Protozoen, einzellige Lebewesen, die von einer Vielzahl von Arten vertreten sind (momentan sind 80.000 bekannt ...). Sie fressen Bakterien, Pilze und kleinere Protozoen (die Größe dieser Lebewesen variiert sehr stark: von 0,004 bis 2 mm!). Protozoen sind also sehr nützlich, wenn es darum geht, die Bakterien- und Pilzpopulationen zu regulieren. Sie bewegen sich in den Wasserfilmen, die die Bodenaggregate umgeben, fort, entweder mithilfe ihrer Geißeln – oder Zilien – oder kriechend durch Verformung der Wände ihrer einzigen Zelle.

Pilze

Sie bilden den größten Teil der Biomasse des Bodens und machen bis zu 3,5 t pro Hektar aus (350 g pro m^2). Mit freiem Auge sind sie nicht erkennbar, da ihr Durchmesser – wie auch bei den Bakterien – im Mikrometerbereich liegt. Sie bilden jedoch sehr lange Filamente (feine, fadenförmige Gebilde) aus, die eine Länge von mehreren Zentimetern erreichen können und die sich hervorragend zur Bodenerkundung eignen. Im Waldboden liegt die Länge dieser Filamente schätzungsweise bei mehreren hundert Kilometern pro Quadratmeter! Im mikroskopischen Bereich sind Pilze unentbehrlich für den Wassertransport im Boden. Diese Filamente spielen auch eine wichtige Rolle bei der Bildung von Makroaggregaten*, indem sie sie mit einem netzartigen Geflecht umgeben (s. Zeichnung S. 57).

Pilze haben sich eher auf die Zersetzung von Lignin, den Hauptbestandteil von Gehölzpflanzen, spezialisiert. Aus diesem Grund findet man auch so viele Pilze im Wald. Das, was wir häufig als Pilz bezeichnen (Pfifferling, Steinpilz etc.), stellt in Wirklichkeit das Organ zum Verstreuen der Sporen dar. Der wichtigste Teil des Pilzes liegt unterirdisch und nimmt die Form des oben erwähnten Netzwerks an mikroskopisch kleinen Filamenten an. Nun versteht man auch, warum die Pilze im Wald so schnell wachsen: Innerhalb weniger Stunden können sie, dank ihren unterirdischen Filamenten, ungeheure Mengen an Wasser und Nährstoffen bereitstellen.

👁 *Auf S. 60 wird gezeigt, wie Pilze die Wurzeln der meisten Pflanzen verlängern.*

Bakterien

Sie gehören wie die Pilze zur Mikroflora und sind die kleinsten Lebewesen, die existieren: Sie sind im Durchschnitt ein Tausendstel Millimeter (0,001 mm oder 1 µm) groß. Hier befinden wir uns wirklich schon in unsichtbaren Dimensionen. Bakterien sind so klein, dass man ihre Funktionsweise nicht sehen kann. Beobachtet und analysiert werden können folglich lediglich die Ergebnisse ihrer Umwandlungsarbeit. Anhand einer Bodenprobe etwa kann man ihren Sauerstoffverbrauch messen. Die geringe Größe der Bakterien zwingt sie, ihre Verdauung „auszulagern". Sie geben Enzyme nach außen ab, die die großen Moleküle in kleinere Stücke zerteilen, die dann ihre Zellwand passieren können. Sobald ein Bakterium auf diese Art und Weise genug Nahrung aufgenommen hat, teilt es sich und zwei neue, identische Bakterien entstehen. Diese Form der Fortpflanzung ist effizient und erlaubt eine schnelle Vermehrung, von etwa einer Teilung alle 20 Minuten. Dies ist möglich, sofern die Umgebung reich an Nahrung und feucht genug für Enzymreaktionen ist. Letztere sind ohne Wasser in der Umgebung unmöglich.

👁 *Auf S. 56 wird dargestellt, wie die Bakterien zur Bodenbelüftung beitragen.*

Tausende von Arten und Millionen von Lebewesen in 1 g Erde

Der Begriff der Art hat eine Besonderheit, wenn man von Bakterien spricht, da sie so klein sind, dass es schwierig ist, sie aufgrund anatomischer Unterschiede voneinander abzugrenzen. Deshalb werden sie nach ihrer DNA* eingeteilt: Ab einer gewissen Anzahl an gleichen Genen zählt man zwei Bakterien zur gleichen „Art". In 1 g Erde können mehrere Dutzend Millionen Bakterien gezählt werden, die Tausenden von verschiedenen Arten angehören. Hier ist anzumerken, dass auch Actinomyceten Bakterien sind und keine Pilze. Das Suffix „-mycet" zeigt hier nur an, dass es sich um ein filamentöses Bakterium handelt, dessen Körperform an jene der Pilze erinnert.

Eine zentrale Rolle bei der Ernährung der Pflanzen

Im Boden, genauer gesagt, in Ackerland, spielen die Bakterien eine grundlegende Rolle bei der Ernährung der Pflanzen. Sie agieren am Ende der Kette des Abbaus von abgestorbener organischer Substanz. Sie sind es, die für die vollständige Mineralisation dieser Substanz und so für die Freisetzung pflanzenverfügbarer Moleküle sorgen: Nitrat für Schwefel, Phosphat für Phosphor etc. So schließen die Bakterien den Kreislauf dieser Elemente, indem sie dafür sorgen, dass die Pflanzen diese erneut verarbeiten können.

Auf S. 61 und 65 wird gezeigt, wie die Bakterien die Pflanzen ernähren.

Algen

Sie sind essentiell für die Kolonisierung des Muttergesteins, da sie an der Seite der Cyanobakterien* mithilfe der Photosynthese* die ersten kohlenstoffhaltigen Moleküle im Boden freisetzen, und sie beschleunigen die Verwitterung des Gesteins, indem sie Substanzen ausscheiden, die es auflösen. Man findet sie jedoch auch in weiter entwickelten Böden, in denen sie meist sehr zahlreich sind und sich entweder an der Oberfläche oder in großen Spalten befinden. Wie die Bakterien bilden auch sie extrazelluläre Polysaccharide, die die Aggregation begünstigen.

Bodenbakterien entwickeln sich auf abgestorbener organischer Substanz.

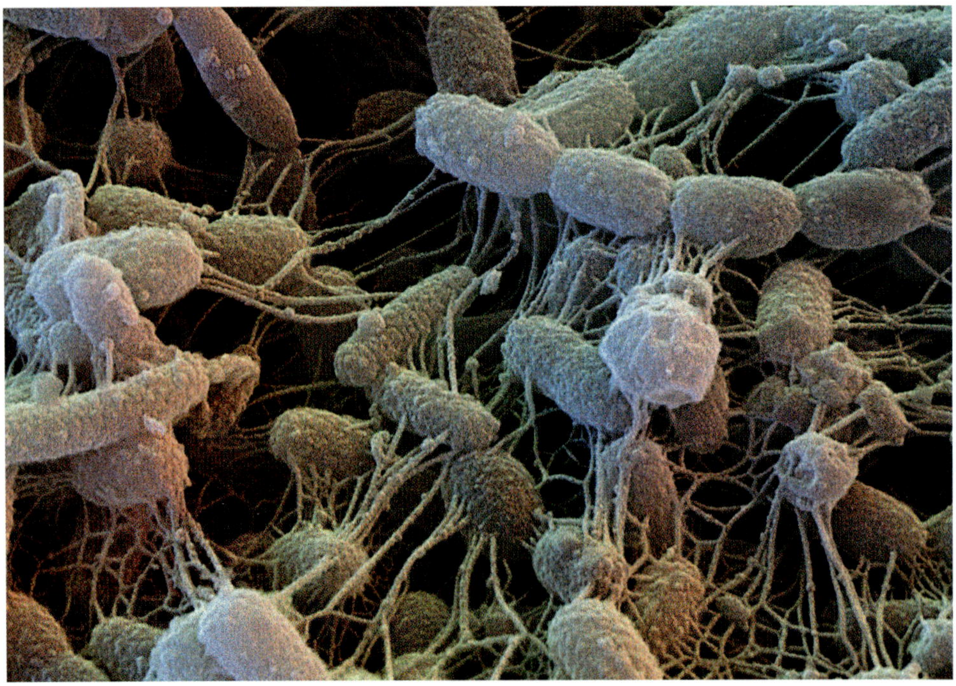

Wie wächst eine Pflanze?

Der Schlüssel zu einem lebendigen Boden ist auch die Grundlage des Gartenbaus, da die Bodenbewohner auf gewisse Weise im Dienste der Pflanzen stehen, die wir anbauen. Um die Wechselwirkungen zwischen diesen versteckten Gärtnern und den Pflanzen besser zu verstehen, sollten wir uns etwas näher mit der Funktionsweise von Letzteren beschäftigen. Dann werden wir besser verstehen, wie die Bodenlebewesen, von den größten bis hin zu den kleinsten, den Pflanzen beim Wachsen helfen.

Die untenstehende Zeichnung zeigt die groben Abläufe, die für das Pflanzenwachstum nötig sind: Die Transpiration* ist der Antrieb, der die Versorgung mit Mineralstoffen ermöglicht. Im Zuge der Transpiration werden nämlich Mineralstoffe aus dem Boden gepumpt und mit dem rohen Pflanzensaft* der Pflanzen zu den Blättern transportiert. Ein Teil des Wassers wird zur Photosynthese verwendet, ein Vorgang, der es erlaubt, mithilfe von Lichtenergie CO_2 in kohlenstoffhaltige Verbindungen und Sauerstoff umzuwandeln. Der Sauerstoffgehalt der Atmosphäre schränkt die oberirdischen Teile der Pflanze dabei nie ein. Die Wurzelatmung hingegen wird von einem verdichteten oder von Wasser durchtränkten Boden gebremst.

WIE FUNKTIONIERT EINE PFLANZE?

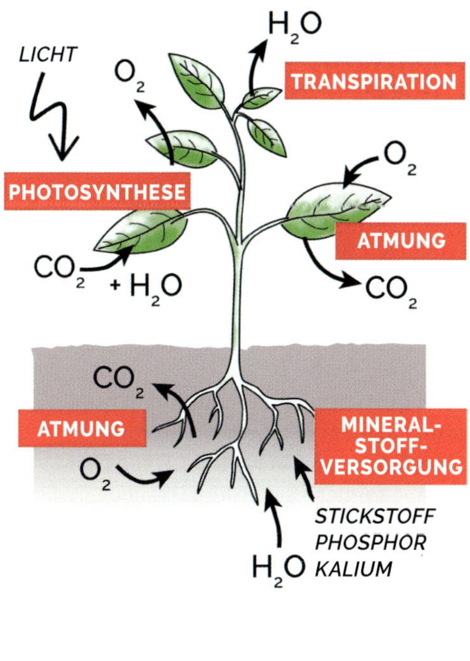

Blätter zur Photosynthese

Im Gegensatz zu Tieren sind Pflanzen **Kohlenstoff-autotroph**, das bedeutet, sie nutzen das Kohlenstoffdioxid aus der Luft und Lichtenergie dazu, mithilfe der Photosynthese ihre eigene organische Substanz zu produzieren. Im Gegensatz dazu sind alle Tiere abhängig von den Pflanzen, ganz egal ob sie Pflanzen- oder Fleischfresser sind. Man spricht hier von Heterotrophie.

Die grüne Farbe der Blätter ergibt sich daraus, dass diese die Lichtstrahlen mit einer Wellenlänge, die der Farbe Rot entspricht, absorbieren – mithilfe von Chlorophyll.

Chlorophyll

Die grüne Farbe der Blätter wird von einem bestimmten Makromolekül, dem Chlorophyll, verursacht. Da die Blätter Licht mit der Wellenlänge, die der roten Farbe entspricht, einfangen, reflektieren sie grünes Licht und erscheinen dadurch grün. In den Pflanzenzellen wird Chlorophyll in den Chloroplasten – Organellen*, die vom Rest der Zelle durch eine Membran abgetrennt sind – synthetisiert. Man geht davon aus, dass die Chloroplasten früher photosynthetische Bakterien waren, die in Symbiose* mit heterotrophen Pflanzen lebten, und dass sich ihr Genom später mit dem der Pflanze vereinigte.

Photosynthese

Photosynthese bezeichnet den Vorgang, im Zuge dessen grüne Pflanzen und Algen Kohlendioxid aus der Atmosphäre und Wasser mithilfe von Lichtenergie in Einfachzucker und Sauerstoff umwandeln:

$$CO_2 + H_2O + \text{Licht} \rightarrow \text{Zucker} + O_2$$

Die Photosynthese ist nicht nur der Ursprung allen organischen Materials – pflanzlichen und in weiterer Folge tierischen –, sondern sie produziert auch den Sauerstoff auf der Erde. All das spielt sich in den Blättern ab, damit diese die Lichtenergie so gut wie möglich einfangen können.

Die Pflanze braucht jedoch auch ihre Wurzeln zur Photosynthese, da sich der Kohlenstoff zwar in der Luft befindet, aber die anderen Mineralstoffe sowie das Wasser über den Boden von der Pflanze aufgenommen werden.

Wurzeln für Wasser und Mineralstoffe

Die Wurzeln dienen den meisten Pflanzen als Verankerungspunkt, der sehr fragil sein kann, wie zum Beispiel bei Bäumen, die nur über oberflächliche Wurzeln verfügen, wie etwa Kiefern, und die von Stürmen folglich sehr leicht entwurzelt werden können. Die Hauptfunktion der Wurzeln ist jedoch, Wasser und Mineralstoffe aus dem Boden aufzunehmen.

Wurzelhaare – Eintrittspforte für Wasser und Mineralstoffe

Durch bestimmte Zellen, die Teil der Epidermis der Wurzeln sind, gelangen Wasser und Nährstoffe in die Pflanze. Diese Zellen besitzen Auswüchse, die als Wurzelhaare* bezeichnet werden, über welche Wasser und gelöste Stoffe in die Pflanze gelangen. Die Transpiration erlaubt diese Absorption in die Wurzel sowie den aktiven Transport von Stoffen zwischen dem Inneren der Wurzeln und der Umgebung. Die Wurzel sondert H+-Protonen ab und nimmt im Tausch dafür Kationen, wie Kaliumionen (K+), auf. Man spricht hier von einer Protonenpumpe, die von der Photosynthese-Energie angetrieben wird. Durch diese Vorgänge säuern die Pflanzen nach und nach den Boden und tragen so zu dessen Entwicklung bei, indem sie die Lösung von Mineralstoffen möglich machen. Weiter unten in diesem Buch werden wir sehen, dass die Versorgung der Pflanzen mit Wasser und Mineralstoffen durch eine Symbiose mit im Boden wachsenden Pilzen – der Mykorrhiza* – verbessert werden kann. Diese Symbiose können wir durch richtige Gartenbautechniken fördern.

Faktoren, die die Ernährung der Pflanzen behindern

Bestimmte Faktoren behindern die Ernährung der Pflanzen stärker als andere. Zu diesen zählen ein Mangel an Mineralstoffen in Ihrem Garten oder ein ungenügender Zugang zu bestimmten Ressourcen zu einem bestimmten Zeitpunkt, wie beispielsweise zu Wasser oder Sauerstoff. Ein Faktor jedoch ist niemals hinderlich: der Kohlenstoffdioxidgehalt der Luft, der jedoch in höherer Konzentration die Photosynthese noch ankurbeln kann.

Sauerstoffmangel

Diesen haben wir schon mehrmals erwähnt, aber es ist sinnvoll, noch einmal darauf zurückzukommen: Obwohl genug Sauerstoff in der Atmosphäre vorhanden ist, um die Pflanzenatmung zu sichern (grüne Pflanzen erzeugen tagsüber Sauerstoff durch Photosynthese, aber nutzen ihn in der Nacht, indem sie atmen), kann es schnell der Fall sein, dass gleichzeitig im Boden zu wenig davon vorhanden ist. Im Boden nämlich gibt es zahlreiche Sauerstoffverbraucher: die meisten Bodenlebewesen, vom Bakterium zum Maulwurf. Aber auch Wurzeln, vor allem ihre Enden, brauchen Sauerstoff, denn genau dort wachsen sie dank intensiver Zellteilung, zu welcher sie viel Sauerstoff benötigen.
Ist der Boden verdichtet oder von Wasser durchtränkt, zirkuliert der Sauerstoff nicht mehr und die Wurzeln hören auf zu wachsen. Wir erinnern uns: Die ideale Struktur für eine optimale Belüftung ist

die krümelige Bodenstruktur, die jedoch sehr fragil ist und durch regelmäßige Gabe von organischer Substanz aufrechterhalten werden muss.

Wassermangel

Nach Sauerstoffmangel stellt oftmals Wassermangel den zweiten einschränkenden Faktor dar. Wasser ist unerlässlich für Photosynthese und vor allem für Transpiration, die für den aufrechten Wuchs der Jungpflanzen sorgt und verhindert, dass sich die oberirdischen, der Sonne ausgesetzten Teile der Pflanze zu stark aufheizen. Etwa 95 % des Wassers, das über die Wurzeln aufgenommen wird, durchläuft die Pflanze nur und tritt über die Stomata* an der Unterseite der Blätter wieder aus. Wir haben bereits gesehen, dass die Böden nicht alle im gleichen Maße in der Lage sind, Wasser zu speichern, was vor allem von ihrer Textur abhängt. Es gibt zahlreiche Mittel, um die Wasserspeicherfähigkeit des Bodens zu erhöhen: die Anreicherung mit Kompost, das Mulchen oder das Auflockern.

Mineralstoffe

Hat ein Boden lange Phasen der Bearbeitung hinter sich, ohne durch die Gabe von Dünger oder Bodenverbesserungsmitteln wiederhergestellt worden zu sein, wird er schließlich ausgelaugt, da ihm durch die Ernten Mineralstoffe entzogen werden. Diese schrittweise Bodenerschöpfung sieht je nach Bodentyp (Textur, Tiefe) unterschiedlich aus. Im zweiten Teil werden die wichtigsten Methoden zur Wiederherstellung des Gehalts der wichtigsten Mineralstoffe durchgegangen.

Üppiger Verbrauch

Auch der gegenteilige Fall kann eintreten, nämlich dass der Boden zu viele Mineralstoffe enthält, was bei den Pflanzen zu physiologischen Störungen führen kann. Dies trifft besonders auf Stickstoff zu: Die Pflanzen können die Stickstoffaufnahme nicht regulieren und übersättigen sich! Das bezeichnet man als üppigen Verbrauch. Dieser hat zahlreiche Folgen. Eine davon besteht in der übermäßigen Ausbildung von grünen Teilen, Stängeln und Blättern sowie eine verspätete Blüte. Bei Tomaten ist dieser Fall häufig zu beobachten: Wird über organische Dünger oder Pflanzenjauche zu viel Stickstoff zugeführt, bildet die Pflanze viele Blätter aus und blüht verspätet. Bei anderen Gemüsesorten führt Stickstoffüberschuss zur Ansammlung von Nitrat in bestimmten Organen: in den Blättern von Salat und Spinat, in den Wurzeln bei Karotte und Roter Bete. Bei den meisten Pflanzen führt eine exzessive Stickstoffzufuhr dazu, dass sie anfälliger für Schädlinge werden – vor allem für Blattläuse, welche saugende und stechende Insekten sind. Ist eine Pflanze mit Stickstoff übersättigt, ist ihr Gewebe zarter und der Pflanzensaft reichhaltiger. Ein letzter Nachteil, der durch zu viel Stickstoff im Boden hervorgerufen wird, ist der höhere Wassergehalt der Pflanze, was die Lagerung des Gemüses schwieriger gestaltet. Ein Beispiel dafür sind Kartoffeln.

Wie helfen die Bodenlebewesen den Pflanzen beim Wachsen?

Die gerade beschriebene Form des Wachstums einer Pflanze ist jene, die zum Beispiel in der Substratkultur* vorherrschend ist. In einem Boden jedoch finden zahlreiche Vorgänge des Austausches und der gegenseitigen Unterstützung zwischen Pflanzen und Lebewesen statt, welche unerwartet und überraschend sind.

Regenwürmer und Mikroorganismen belüften den Boden

Sauerstoff im Boden ist das wichtigste Element für das Pflanzenwachstum, da er das **Wurzelwachstum entscheidend beeinflusst**. Ein gut ausgebildetes Wurzelsystem erlaubt eine optimale Erschließung des Bodens, was wiederum die Wasser- und Nährstoffversorgung der Pflanze sicherstellt. Im zweiten Teil werden wir sehen, dass eines der Ziele der Bodenbearbeitung darin besteht, diese Durchlüftung sicherzustellen, indem man die Porosität des Bodens wiederherstellt. Die effizienteste und am wenigsten ermüdende Methode, dies zu erreichen, besteht darin, die Bodenlebewesen an unserer Stelle die Arbeit machen zu lassen, um diese Porosität zu schaffen und zu erhalten. Man unterscheidet hierbei zwischen **Makroporosität**, welche die größten Poren bezeichnet, aus denen das Senkwasser* nach Regen oder Bewässerung schnell abfließt, und welche dann eine Luftzirkulation möglich macht, und **Mikroporosität**, welche die kleinsten Poren bezeichnet, in denen ein großer Teil des im Boden befindlichen Wassers gespeichert wird. Regenwürmer sind zum Teil für die Makroporosität verantwortlich, Bakterien und Pilze für die Mikroporosität. Andere Lebewesen tragen in allen Größenordnungen ebenfalls zur Entstehung von Porosität bei: Insekten, Nematoden, Protozoen etc. Dies geschieht in einer engen Beziehung zu Regenwürmern und Mikroorganismen.

Regenwürmer erzeugen Makroporosität

Hauptsächlich anektische Regenwurmarten erzeugen Makroporosität, indem sie, wenn sie zum Fressen an die Oberfläche kommen, ihre vertikalen Gänge graben. Diese Gänge sind im verlassenen Zustand wahre Lüftungsschächte für den Boden, die den Eintritt von Sauerstoff und den Austritt von Kohlendioxid begünstigen. Nach einer Regenperiode dienen sie auch dazu, die Entwässerung des Bodens zu beschleunigen, denn aufgrund dieser Gänge kann das Senkwasser in tiefere Schichten abfließen.
Sehr schnell ersetzt so Luft das Wasser in den größten Poren. Jetzt ist nichts leichter,

Auf diesem Bild lässt sich der Unterschied zwischen Makroporosität – etwa die beiden großen Regenwurmgänge – und Mikroporosität sehr gut erkennen.

Anektische Regenwurmarten, die Erzeuger der Makroporosität des Bodens.

Eine Wurzel wächst in einem verlassenen Regenwurmgang. Hier sind deutlich die Wurzelhaare erkennbar.

als die **Regenwürmer** dazu zu bringen, an unserer Stelle zu arbeiten: Man muss sie nur **füttern**, und zwar indem man ihnen an der Oberfläche im Frühjahr und im Herbst genug Nahrung anbietet, jenen beiden Jahreszeiten, in denen sie am aktivsten sind. Selbstverständlich müssen Sie ihnen ihr Lieblingsfutter anbieten: lange, relativ weiche Stängel (Heu, altes Stroh, frischen Rasenschnitt, aber diesen nur in einer dünnen Schicht, Blätter). Grob zerkleinerte holzige Pflanzen (Fragmentiertes Zweigholz* s. S. 132) oder allzu reifer Kompost hingegen sind nichts für sie. Ersteres ist zu zäh und würde zu lange brauchen, um im Wurmgang zu verrotten, bevor der Regenwurm es fressen kann. Im Falle des Komposts ist es der Transport in den Gang, der Probleme bereitet, da der Regenwurm seine Technik, die darin besteht, die Nahrung am Eingang zu seinem Gang zu vergraben, nicht auf zu feine Stoffe anwenden kann. Hier ist anzumerken, dass die Regenwürmer zwar die breiten Gänge anlegen, ihnen dabei aber Bakterien und Pilze helfen. Sobald die Regenwürmer nämlich die Pflanzenstücke in ihren Gang gezogen haben, ist eine Vorverdauung dieser durch Bakterien und Pilze unentbehrlich, bevor der Regenwurm die Früchte seiner Arbeit verzehren kann (s. Fotos S. 33). Die Belüftung des Bodens durch Regenwürmer ist **besonders für tonige Böden wichtig**, da diese schwieriger zu bearbeiten sind (unmöglich umzustechen, wenn sie feucht sind, zu hart, um mit einem Werkzeug hineinzustechen, wenn sie trocken sind). Würmer hingegen fühlen sich in Tonböden wohl, da die Wände ihrer Gänge dort glatt bleiben und stabil sind, während Erdrutsche in zu sandigen Böden das Graben von Gängen schwierig bis unmöglich machen. Aus diesem Grund kommen Regenwürmer in tonigen Böden immer häufiger vor als in sandigen. Das besondere Sahnehäubchen:

Wurzelhaar in einem Regenwurmgang.

Dringt eine Wurzel in einen verlassenen Regenwurmgang ein, handelt es sich um einen besonderen Glücksfall für diese, denn es gibt keine physischen Einschränkungen mehr, reichlich Sauerstoff und mit Exkrementen und Regenwurmschleim angereicherte Erde, die die Wände des Ganges auskleidet.

Bakterien und Pilze erzeugen die Mikroporosität

Die Mikroporosität ist das Gegenstück zur Makroporosität: Sie macht es möglich, dass Sauerstoff selbst die verstecktesten Winkel erreicht, in denen Nematoden, Protozoen, Pilze und Bakterien leben. Sie macht es aber auch möglich, dass dank der Kapillarität **Wasser im Boden gespeichert werden kann.** In den großen Poren der Makroporosität nämlich wird das Wasser nicht gespeichert und fließt in Schichten, die tiefer liegen, als die Wurzeln reichen. Wie haben es Bakterien und Pilze geschafft, diese Mikroporosität herzustellen? Ganz einfach durch die Verdauung der organischen Substanz, die ihnen zugeführt wurde. Erinnern wir uns an die Mikroorganismen im Boden, die so klein sind, dass sie ihre Nahrung außerhalb ihres Körpers verdauen müssen, indem sie Enzyme in den Boden absondern. Diese Enzyme zersetzen dann die großen Moleküle so lange, bis kleinere entstehen, die die Zellwand der Bakterien oder der

Pilze passieren können. Die Verdauung der Moleküle dauert eine gewisse Zeit, was dazu führt, dass halbzersetzte Moleküle, darunter vor allem Polysaccharide, im Boden verbleiben, wo sie die Funktion eines Klebers haben. Dort spielt sich das Geheimnis der Belüftung ab: Durch die Erzeugung dieses Klebers machen die Mikroorganismen es möglich, dass sich die kleinsten Bodenminerale – Tonminerale und Schluffe – aneinanderfügen. Je mehr diese Mikroorganismen verdauen (also je mehr man ihnen zu fressen gibt!), desto mehr Kleber erzeugen sie und desto stärker hält dieser die Mineralteilchen zusammen. So entstehen kleine Klümpchen, die Mikroaggregate*, die sich wiederum, vor allem durch die Myzelien, zu Makroaggregaten zusammenfügen.

Die Makroaggregate wachsen und weisen eine eher abgerundete Form auf, was dazu führt, dass die Bodenluft zwischen ihnen zirkulieren kann. Es ist also Bakterien und Pilzen zu verdanken, dass Böden zu bis zu 50 % aus Luft bestehen können! Außerdem speichern die Makroaggregate das Wasser des Bodens in ihrem Inneren.

VOM MIKROAGGREGAT ZUR KRÜMELIGEN STRUKTUR

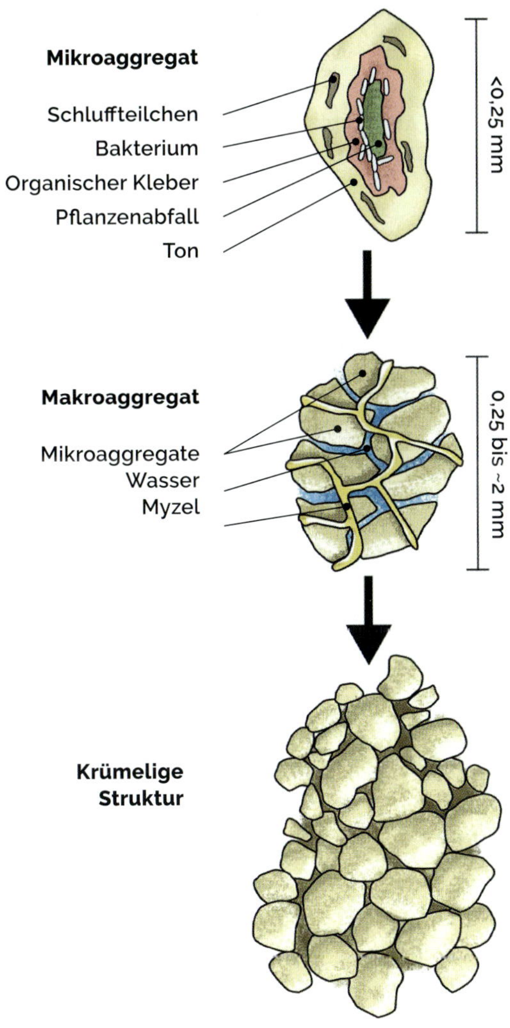

Auch die Pflanzen belüften den Boden!

Während ihrer Entwicklung neigen die Wurzeln dazu, die Erde um sich herum leicht zu verdichten, da sie kleine Röhrchen bilden, die dicker werden und dabei das Erdreich in alle Richtungen verdrängen. Außerdem verbrauchen die Wurzeln den Bodensauerstoff, damit sie wachsen können, und reichern den Boden mit Kohlendioxid an. Nach dem Tod der Pflanze jedoch wird aus den alten Wurzeln ein gigantisches Bodenbelüftungssystem! Die Lyse* der Zellen läuft im Wurzelinneren nämlich viel schneller ab, da die Zellen der Wurzelrinde viel zäher sind. Das kann man an Wurzelresten im Boden beobachten: Sehr oft bleibt von den Wurzeln nur eine Hülle zurück, in denen die Bodenluft mühelos zirkulieren kann. Die Porosität, die so entsteht, ist sehr effizient, da sie von Dauer ist und es erlaubt, dass eine direkte Verbindung zwischen der Umgebung und den allerfeinsten Verästelungen des alten Wurzelsystems hergestellt wird.

STIRBT EINE PFLANZE AB, WIRD AUS IHREM WURZELSYSTEM EIN BELÜFTUNGSSYSTEM!

Von Regenwürmern ausgeschiedene Kotkügelchen (eines links und drei rechts im Bild) tragen ebenfalls zur Entstehung der krümeligen Struktur bei.

Auch die Wurzeln tragen zur Entstehung der krümeligen Struktur bei, indem sie das Erdreich fein durchtrennen.

Mykorrhizen verlängern die Wurzeln

Mykorrhizen sind die natürliche Verlängerung der Wurzeln. Der Ausdruck „Mykorrhiza“ kommt aus dem Griechischen und bedeutet „Pilzwurzel“ (*mycos*: Pilz und *rhiza*: Wurzel). **Pilze gehen** hierbei eine **Symbiose mit den meisten Pflanzen ein.** Letztere liefern den Pilzen dabei Kohlenstoff, den sie mithilfe der Photosynthese produziert haben und der ihnen in Form von Kohlenhydraten zur Verfügung steht. Diese werden durch den Nahrungssaft* bis zu den Wurzeln transportiert. Im Austausch dafür helfen die Pilze der Pflanze dabei, die von ihr benötigten gelösten Stoffe aus dem Boden aufzunehmen, hierbei vor allem Phosphor.

Eine weit verbreitete Symbiose

Der Großteil der Pflanzen – sowohl krautige als auch holzige – geht diese Symbiose ein. Von allen Pflanzen im Gemüsegarten sind nur die Wurzeln der Gänsefußgewächse (Gartenmelde, Mangold, Rübe, Spinat ...) und der Kreuzblütler (Kohl, Rettich, Rucola ...) davon ausgenommen und werden nicht von Mykorrhizen verlängert.

Eine viel feinere Erkundung des Bodens

Es handelt sich um eine vorzügliche Verlängerung des Wurzelsystems, da die Pilzfilamente viel weiter vordringen und vor allem auch viel feiner sind als die Wurzelhaare (siehe Schema unten). So vergrößern sie die Oberfläche zwischen Boden und

PILZFILAMENTE ERMÖGLICHEN EINE WEITERGEHENDE ERSCHLIESSUNG DES BODENS ALS DIE WURZELHAARE.

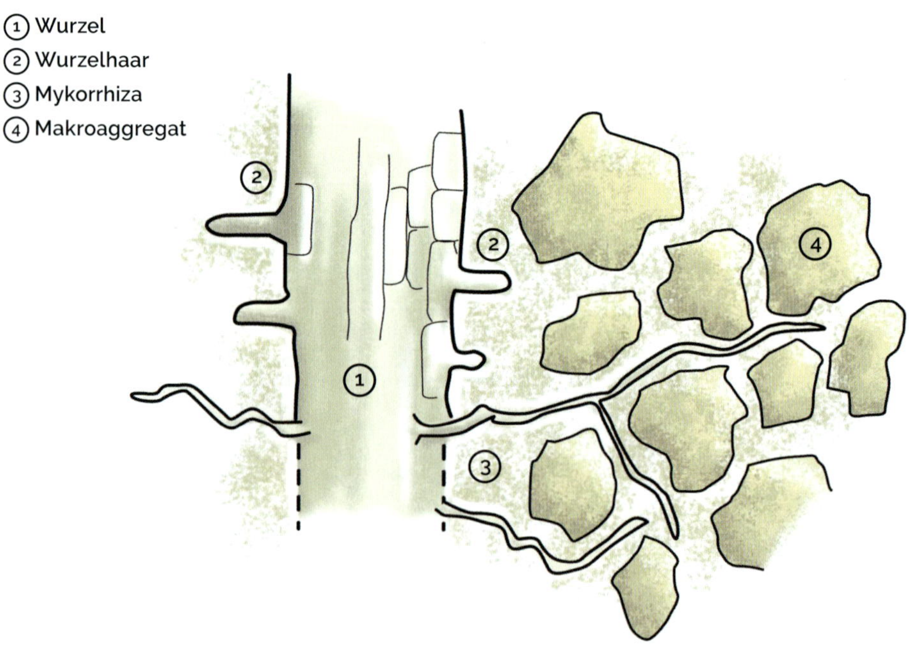

Verbindung zwischen Mykorrhizen (Mitte) und drei Kügelchen von Regenwurmkot, das perfekte Beispiel für einen lebendigen Boden!

Wurzel enorm. Die Mykorrhizen reichen auch in Bodenbereiche, die für die Wurzeln unerreichbar sind, hier insbesondere in das Innere der allerkleinsten Aggregate, wo das Wasser sich sammelt, nachdem es die größten Poren verlassen hat.

Wie fördert man die Bildung von Mykorrhizen?

Dies erreicht man, indem man den Pilzen bestmögliche Lebensbedingungen bietet, also indem man die Erde so wenig wie möglich wendet, damit das System aus Filamenten so wenig wie möglich beeinträchtigt wird. Außerdem sollte man den Boden an der Oberfläche feucht halten, was man vor allem durch Mulchen und durch die Gabe von Pflanzenabfällen erreicht. Diese enthalten viel Lignin, welches Pilze lieben!

Bakterien ernähren die Pflanzen

Bakterien werden in der allerletzten Phase des Abbaus von organischer Substanz im Boden aktiv. Am Ende steht die Überführung dieser in die Welt der anorganischen Substanzen, die wiederum den Pflanzen als Nahrung dienen. Die Mineralisation* ist es, die am Beginn eines neuen Produktionszyklus von pflanzlichem Material steht. Ferner haben es einige Bakterien geschafft – und dies schon seit mehreren Millionen von Jahren –, es sich mit bestimmten

Pflanzen einzurichten. Sie stellen den Pflanzen Stickstoff zur Verfügung, den sie aus der Luft filtern, und erhalten im Austausch dafür organischen Kohlenstoff, den die Pflanzen durch Photosynthese gewonnen haben. Dies ist die symbiotische Stickstofffixierung, die Sie auch im eigenen Garten nutzen können, indem Sie Hülsenfruchtgewächse* anbauen.

Mineralisation

Mineralisation bezeichnet den **Übergang von organischen Molekülen zu Mineralstoffen**. Durch sie wird ein Teil der Nährstoffe, die für das Pflanzenwachstum notwendig sind, in den Boden zurückgeführt: Stickstoff, Kalium, Phosphor, Kalzium etc. Erinnern wir uns, dass die Pflanzen diese Nährstoffe nur in ihrer mineralischen Form verwerten können. Daher ist die Mineralisation von enormer Bedeutung, vor allem, wenn kein Mineraldünger zugeführt wird.

Es wird hierbei zwischen primärer Mineralisation, jener, die durch frische organische Substanzen geschieht, und sekundärer Mineralisation, jener durch Humus, unterschieden. Beide spielen sich gleichzeitig im Boden ab. Allerdings läuft die primäre Mineralisation schneller ab als die sekundäre, da Humus nur sehr schwer verrottet. Deshalb ist darauf zu achten, dem Boden regelmäßig frische organische Substanz zuzuführen, da andernfalls nur die Mineralisierung durch Humus stattfindet, was dazu führt, dass dieser wertvolle Bodenbestandteil langsam verloren geht. Dies passierte im Laufe des 20. Jahrhunderts mit sehr vielen landwirtschaftlichen Flächen, nachdem die Viehzucht dort eingestellt wurde, da keine regelmäßige Düngung mit Mist mehr erfolgte. In kalten Gebieten (nördliche Breitengrade, Gebirge) ist der Humusgehalt des Bodens höher, da der Abbau der Streu länger dauert.

Man beachte: Verwitterung ist nicht mit Mineralisation zu verwechseln (s. S. 16).

MINERALISATION

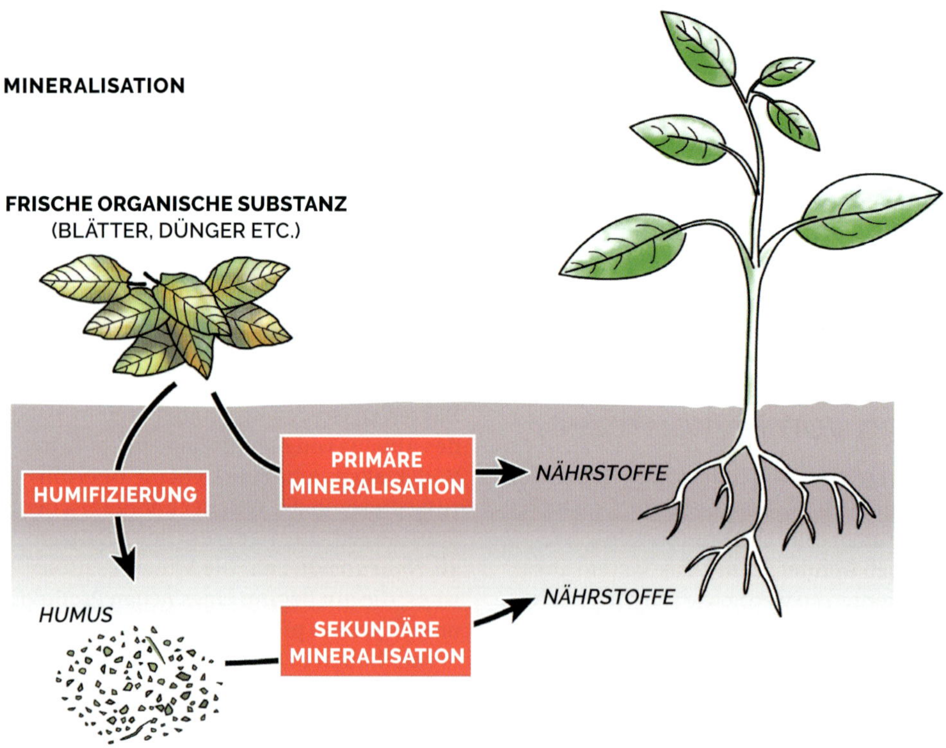

Wurzelknöllchen an den Wurzeln einer Ackerbohnenpflanze.

Wurzelknöllchen an den Wurzeln einer Kichererbsenpflanze.

Symbiotische Stickstofffixierung

Bestimmte Bakterien können den Luftstickstoff (N_2) nutzen und ihn den Pflanzen zur Verfügung stellen: Dies wird als symbiotische Stickstofffixierung bezeichnet. Sie wird als symbiotisch bezeichnet, weil die Bakterien, die Rhizobien* bei Hülsenfruchtgewächsen (oder Fabaceae*), den Stickstoff nicht ohne Gegenleistung bereitstellen. Sie wenden viel Energie auf, um das N_2-Molekül in zwei Teile zu teilen, und diese Energie bekommen sie von der Pflanze in Form von kleinen kohlenstoffhaltigen Molekülen, die durch Photosynthese entstanden sind. Die Symbiose findet in den kleinen, kugelförmigen Wurzelauswüchsen statt, die mit freiem Auge erkennbar sind, da sie einen Durchmesser von einigen Millimetern haben. Diese kann man beim Ausreißen von Ackerbohnen-, Bohnen- und Erbsenpflanzen im Garten beobachten. Wurzelknöllchen* sind regelrechte Miniaturfabriken, die zur Stickstofffixierung dienen. Tatsächlich ist es dieser Mechanismus, den sich die Stickstoffdüngerindustrie abgeschaut hat, die ihre Dünger auch aus Luftstickstoff herstellt. Die nötige Energie gewinnt die Industrie dazu jedoch aus Erdöl.

Auf S. 88 wird erklärt, wie Sie sicherstellen können, dass die Stickstofffixierung bei Ihnen im Garten auch richtig funktioniert.

KOMPLEMENTARITÄT DER BAKTERIEN UND DER PILZE IM BODEN

	Bakterien	Pilze
Zersetzung von organischer Substanz	Agieren am Ende der Abbaukette. Zersetzen in erster Linie Zellulose.	Zersetzen vor allem Lignin, kommen also in großer Zahl in holzigen Abfällen vor.
Bodenstruktur	Ihre „ausgelagerte" Verdauung erzeugt einen Kleber aus Polysacchariden, der dazu führt, dass die kleinsten Mineralstoffe zusammenkleben und so Mikroaggregate entstehen.	Stärker involviert bei der Bildung von Makroaggregaten, indem sie die Mikroaggregate mithilfe ihrer langen Filamente umwickeln.
Ernährung der Pflanzen und Symbiosen	Erlauben die Freisetzung von Mineralstoffen, die für die Pflanzen unverzichtbar sind (Mineralisation). Bestimmte Bakterien gehen eine Symbiose mit den Pflanzen ein, um Stickstoff aus der Luft zu fixieren (das Rhizobium mit Hülsenfruchtgewächsen).	Dank der Symbiose in Form von Mykorrhizen profitieren die Pflanzen von einer besseren Wasser- und Mineralstoffzufuhr, da die Filamente der Pilze viel mehr Erdreich erschließen als die Wurzelhaare der Pflanzen.

Die Pflanzen ernähren auch die Bodenlebewesen

Ein Teil des durch die Photosynthese fixierten Kohlenstoffs dient den Bodenlebewesen direkt als Nahrung, während die Pflanze wächst, und zwar durch den Nahrungssaft, der in die Wurzeln fließt. Dieses Phänomen ist sehr wichtig für die Bodenlebewesen, die sich auch revanchieren, indem sie im Gegenzug den Pflanzen dabei helfen, sich zu ernähren.

Rhizodeposition – unauffälliges Phänomen mit großer Wirkung

Die Rhizodeposition beschreibt mehrere Abläufe, die alle eine Anreicherung von organischer Substanz im Boden in der unmittelbaren Umgebung der Wurzeln zur Folge haben. Insgesamt gelangt etwa ein Drittel des von den Pflanzen fixierten Kohlenstoffs in den Boden (zwischen 20 und 40 %, je nach Pflanzenart). Pflanzen führen dem Boden im Laufe ihres Lebens also ein Drittel des von ihnen fixierten Kohlenstoffs zu. Das ist eine beträchtliche Menge.

Unter den Wurzelausscheidungen* finden sich:

- Abgestorbene oder lebendige, von den Wurzelenden losgelöste Zellen, die aber in jedem Fall von den Mikroorganismen im Boden zersetzt werden.
- Lysate* von den Zellen außen an den Wurzeln, die sich im Abbau befinden, vor allem von Wurzelhaube* und Wurzelhaaren. Diese Zellen haben eine sehr kurze Lebensdauer und werden stetig erneuert. Das führt dazu, dass eine Fülle von organischen Abfällen in den Boden abgestoßen wird.
- Exsudate, die aus kleinen Molekülen bestehen, die die Zellwand der Wurzelzellen passieren können: Einfachzucker, Aminosäuren, organische Säuren ... Wie wir gesehen haben, spielen diese Exsudate auch bei der Bodenbildung eine Rolle, indem sie die Minerale auflösen.

Unterirdische Streu am Beginn einer mikroskopischen Nahrungskette

Alle diese Wurzelausscheidungen bilden eine regelrechte unterirdische Streu, die am Beginn einer mikroskopischen Nahrungskette* steht. Diese nimmt ihren Ursprung in der Rhizosphäre*. Bakterien und Pilze ernähren sich von Exsudaten und Lysaten und greifen die Zellwände der abgestorbenen oder von der Wurzel losgelösten Wurzelzellen an. Protozoen und Nematoden nehmen auch an diesem Festessen teil: Sie fressen Bakterien und Pilze, deren Populationen in der Umgebung von neuen, im Wachstum befindlichen Wurzeln schnell wachsen.

Eine effiziente Beziehung, die auf Gegenseitigkeit beruht!

Alle diese mikroskopisch kleinen Lebewesen scheiden ihrerseits auch Abfallprodukte aus, diesmal in größtenteils mineralischer Form: Nitrat, Phosphat, Sulfat .... um der Pflanze Nahrung zur Verfügung zu stellen. Nicht umsonst also scheiden die Pflanzen ein Drittel des von ihnen in ihren Blättern mühevoll fixierten Kohlenstoffs in den Boden aus! Da die Nahrungskette sich hier außerhalb der Pflanze entwickelt, handelt es sich nicht um eine Symbiose, sondern um eine enge,

Die Rhizosphäre kann als das betrachtet werden, was an der Wurzel hängen bleibt, wenn man diese aus dem Boden zieht.

höchst effiziente Zusammenarbeit. Es ist fast so, als ob die Pflanzen gelernt hätten, die Sonnenenergie über die Produkte der Photosynthese bis an die Enden ihrer Wurzeln zu schicken, um im Gegenzug die von ihnen benötigten Mineralstoffe zu bekommen. Wahrlich eine auf Gegenseitigkeit beruhende Beziehung, die dank der Aktivität der Bodenlebewesen möglich ist!

WIE DIE PFLANZEN DIE MIKROORGANISMEN IM BODEN NUTZEN, UM SICH ZU ERNÄHREN

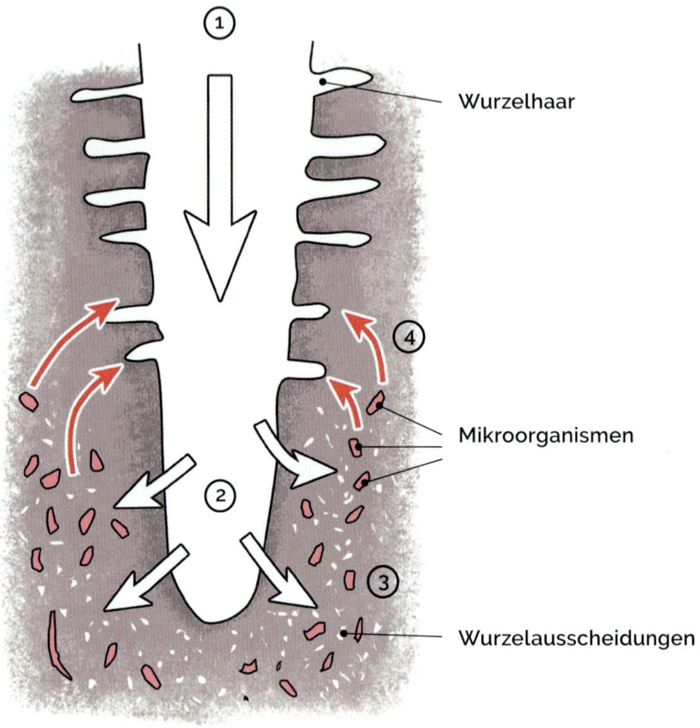

① Der Nahrungssaft befördert einen Teil der bei der Photosynthese entstandenen Produkte bis in die Wurzeln.
② Etwa 30 % des durch die Photosynthese fixierten Kohlenstoffs werden durch die Rhizodeposition in den Boden ausgeschieden.
③ Die Produkte der Rhizodeposition bilden eine regelrechte unterirdische Streu, die den Mikroorganismen als Nahrung dient.
④ Die intensive Aktivität der Mikroorganismen (sofern der Boden genug belüftet ist) stellt der Pflanze lösliche Stoffe bereit (Stickstoff, Phosphor ...), die von den Wurzelhaaren aufgenommen werden.

Ein lebendiger Boden in Ihrem Garten

Funktioniert der Boden in Ihrem Garten genauso paradiesisch gut, wie im ersten Teil dieses Buchs beschrieben? Um das herauszufinden, machen wir uns am besten daran, ihn kennenzulernen. Dies funktioniert durch ganz einfach durchführbare Tests, die Aufschluss über seine Haupteigenschaften geben: Tiefe, Struktur, Textur, pH-Wert, Lebewesen. Basierend auf diesen Eigenschaften können Sie dann die Bearbeitungstechniken wählen, die am besten an seine Bewohner angepasst sind. Dies bildet auch die Grundlage für die Auswahl der besten Methode zur Bodenverbesserung. Sie werden sehen, dass die „Patentrezepte" im Gartenbaubereich mit Vorsicht zu genießen sind und dass sie, selbst wenn sie verführerisch klingen, immer getestet werden müssen, bevor man sie einsetzt. Eine Auswahl an Schlüsselmethoden soll Ihnen bei Ihren Überlegungen und Entscheidungen helfen. Die Adaptierung dieser Methoden in Ihrem kleinen Paradies liegt dann ganz bei Ihnen!

Lernen Sie Ihren Boden kennen

Das ist das Erste, das Sie tun sollten, wenn Sie ein Stück Land erworben haben und planen, daraus einen Garten zu machen, oder wenn Sie auf der Suche nach dem idealen Ort für einen Gemüsegarten auf Ihrem Grundstück sind.

200 m^2 sind ausreichend, um eine vierköpfige Familie mit den gängigsten Gemüsesorten zu versorgen, also bietet es sich an, den Boden auf einer Fläche in dieser Größe zu untersuchen. Wenn Sie ein großes Grundstück, zum Beispiel eines mit 2000 m^2, besitzen, graben Sie nicht überall Löcher, um den Boden zu untersuchen ... Schließen Sie zuerst die für einen Gemüsegarten am wenigsten geeigneten Flächen aus: zu schattige Flächen, aufgeschüttete, zu stark bearbeitete Flächen (vor allem durch neue Bauten, für die viel Erde aufgeschüttet wurde), Flächen, die zu weit vom Haus oder einer Wasserstelle entfernt sind ... Warten Sie bis zum Winter, um eine Bestandsaufnahme von für einen Gemüsegarten geeigneten und ungeeigneten Stellen zu machen: Schließen Sie die Stellen aus, die ständig im Schatten liegen oder an denen Wasser stehen bleibt, auch jene, an denen der Schnee als Letztes schmilzt, sowie jene, an denen der Boden am frostempfindlichsten ist. Wählen Sie eher Stellen aus, die südlich ausgerichtet liegen und die entweder eben sind oder ein leichtes Gefälle Richtung Süden aufweisen. Sie sollten auch vor den vorherrschenden Winden geschützt sein.

Ist der Boden tief?

Obwohl nur die obersten 20 bis 30 cm des Bodens bearbeitet werden (s. S. 91), ist es dennoch interessant, seine Tiefe zu kennen, da die Pflanzenwurzeln viel tiefer reichen (bis zu 1 m im Falle bestimmter Gründüngungspflanzen*, wie der Luzerne, und natürlich bei Bäumen und Sträuchern). Die Tiefe des Bodens beeinflusst auch den Fluss des Wassers, der in Zeiten der Entwässerung (hauptsächlich im Winter) abwärtsgerichtet ist, während er in Zeiten der Evaporation* (im Sommer) aufwärtsgerichtet ist. Die Beschaffenheit des Bodens – vor allem die Textur – jenseits der Bereiche, in die die Wurzeln reichen, ist also sehr wichtig. Es kann beispielsweise sein, dass sich feine Teilchen in tiefen Schichten angesammelt haben und das Wasser am Abfließen hindern.

Eine Grube ausheben

Das einzige Mittel, um festzustellen, ob ein Boden tief ist, ist zu graben – und etwas auszuheben, das von Pedologen als Grube bezeichnet wird. Diese muss tief genug sein, mindestens jedoch 1,50 m, sofern die Mächtigkeit Ihres Bodens es erlaubt.
Sehr junge Böden sind oftmals sehr dünn und weisen eine Dicke von lediglich ein

paar Dutzend Zentimetern auf. Umgekehrt sind gewisse Böden im Flachland mehrere Meter dick, sodass Sie dort das Muttergestein nicht erreichen können. Nutzen Sie zum Ausheben einer solchen Grube, wenn möglich, einen Bagger. Günstig ist dabei, wenn es in Ihrer Nähe (bei Ihnen oder einem Nachbarn) eine Baustelle gibt, zum Beispiel, wenn Grabungen für den Bau eines Kanals durchgeführt werden. Erkunden Sie auch Ihre nähere Umgebung, um zu sehen, ob es Baustellen gibt, die Ihnen erlauben, sich den Boden aus der Nähe anzusehen. Stellen Sie den Landwirten in Ihrer unmittelbaren Umgebung Fragen. Behalten Sie jedenfalls im Gedächtnis, dass die Dicke und die Beschaffenheit des Bodens auch kleinräumig stark variieren können, vor allem in hügeligem Gebiet.

Ein Bodenprofil betrachten

Haben Sie sich die Mühe gemacht und eine 1,50 m tiefe Grube ausgehoben, ist es mit der einfachen Feststellung der Tiefe nicht getan! Diese Grube dient Ihnen auch noch dazu, das sogenannte „Profil" des Bodens zu betrachten. Am interessantesten ist es, eine Grube in der Nähe von Pflanzen auszuheben, da man so den Wurzelverlauf bis in die Tiefe beobachten kann. Nehmen Sie sich ein Messer mit, um die Profilwand nachzuschneiden. Egal ob Sie die Grube mit dem Bagger oder der Spitzhacke ausgehoben haben, die Profilwände sind durch den Werkzeugeinsatz geglättet und entsprechen nicht der natürlichen Bodenstruktur. Um diese zu rekonstruieren, genügt es, die Erde mit der Messerspitze nach und nach abzukratzen. So dringen Sie Schritt für Schritt ins Profil vor, indem Sie zum Beispiel versuchen, den Verlauf einer Wurzel oder eines Regenwurmgangs nachzuverfolgen. Die Beobachtung der Regenwurmgänge ist von großer Bedeutung bei der Untersuchung des Profils: Gibt es viele Gänge? Bis in welche Tiefe verlaufen sie? Das Messer hilft Ihnen auch, den Grad der Bodenverdichtung einzuschätzen: Lässt sich der Boden einfach eindrücken oder braucht man dazu Kraft? Beachten Sie auch die Unterschiede in Textur und Farbe. Versuchen Sie insbesondere festzustellen, ob es Bereiche mit Anoxie* gibt oder nicht (dieser Fall ist besser!), die bläulich und übelriechend sind. Machen Sie eine Skizze von allem, was Sie beobachtet haben, und zeichnen Sie die Abstände zur Oberfläche ein.

Arbeit der Regenwürmer im Boden.

Wie ist die Struktur des Bodens?

Die Struktur wurde auf S. 23 definiert. Zwei komplementäre Tests erlauben Ihnen, Struktur und Stabilität Ihres Bodens festzustellen: die Spatenprobe und der Test der Gefügestabilität.

Spatenprobe

Das ist ein einfach durchführbarer Test, der auf direkter Beobachtung basiert. Diese liefert viele Informationen über die Bodenstruktur. Dafür brauchen Sie lediglich einen flachen Spaten, der – wenn möglich – 40 cm tief reicht, und eine Plane, auf der Sie den Bodenziegel, den Sie ausstechen werden, ablegen können. Für den Test ist eine ausreichende Oberflächentrockenheit* notwendig, was im Allgemeinen im Frühjahr oder im Herbst der Fall ist.
Das Prinzip besteht darin, mithilfe des Spatens einen ganzen Bodenziegel auszustechen, um ihn im Detail zu betrachten: wie die Klumpen angeordnet sind, welche Größe sie haben, wie die Kohäsion zwischen ihnen beschaffen ist, welche Tiere darin leben etc.

- Stechen Sie mit dem Spaten einen Erdziegel aus, indem Sie vier senkrechte Stiche setzen und den so abgegrenzten Ziegel von einer Seite aus dem Boden heben ①.
- Legen Sie ihn auf einer Plane ab ② und breiten Sie seine Bestandteile aus.
- Zerteilen Sie den Block in grobe Klumpen, ganz einfach so, wie es am leichtesten geht, ohne etwas zu erzwingen. Machen Sie weiter und zerteilen Sie das Erdreich in immer kleinere Klumpen, bis Sie bei den kleinsten Krümeln mit einigen Millimetern Durchmesser angelangt sind ③. Lassen sich die Klumpen einfach voneinander trennen, bedeutet das, dass es bereits Bruchlinien gibt, die durch Regenwurmgänge oder Wurzeln geschaffen wurden.

- Bevor Sie die einzelnen Klumpen zerteilen, sehen Sie sich an, ob sie von Natur aus viele Poren enthalten (erinnern Sie sich daran, dass die Belüftung des Bodens die wichtigste Voraussetzung für eine gute Entwicklung der Wurzeln ist). Sehen Sie sich die Pflanzenabfälle an. Sind sie erkennbar oder nicht? Stellen Sie sich die Frage, woher sie stammen.
- Sehen Sie sich die beiden Oberflächen entlang der Bruchlinie zwischen zwei Klumpen an ④. Sind die Bruchkanten eher abgerundet, bedeutet das, dass die Mikroorganismen aktiv sind. Die Kotkügelchen der Regenwürmer sind leicht erkennbar und deuten auf eine hohe Aktivität dieser Tiere hin. Müssen Sie jedoch Kraft aufwenden, um zwei Klumpen voneinander zu trennen, und sind die Kanten eher scharf, zeugt das von geringer biologischer Aktivität.
- Verwenden Sie all Ihre Sinne bei diesem Test: Riechen Sie an der Erde ⑤. Schlechte Gerüche deuten auf Sauerstoffmangel hin, da durch diesen aufgrund von Gärung übelriechende Verbindungen entstehen. Eine graue Färbung mit dominanten blauen bis grünspanfärbigen Stellen ist ein Zeichen dafür, dass der Boden verdichtet ist, und meist auch dafür, dass er von Wasser durchtränkt ist. Sie können den Boden auch hören, indem Sie die Erde zwischen Daumen und Zeigefinger zerreiben, um festzustellen, ob Sandkörner darin vorhanden sind (hörbar an leisem Knirschen).
- Wenn Sie den Bodenziegel vollständig zerlegt haben ⑥, heben Sie ein paar grobe Klumpen für den nächsten Test auf, mit dessen Hilfe Sie die Gefügestabilität bestimmen können, sowie für die Fingerprobe und den Sedimentationstest, die Ihnen Aufschluss über die Textur geben. Solange Sie noch gut im Gedächtnis haben, was Sie dabei beobachtet haben, führen Sie die Spatenprobe auch noch an einer anderen Stelle im Garten durch und sehen Sie sich an, ob der Boden dort die gleiche Struktur hat.

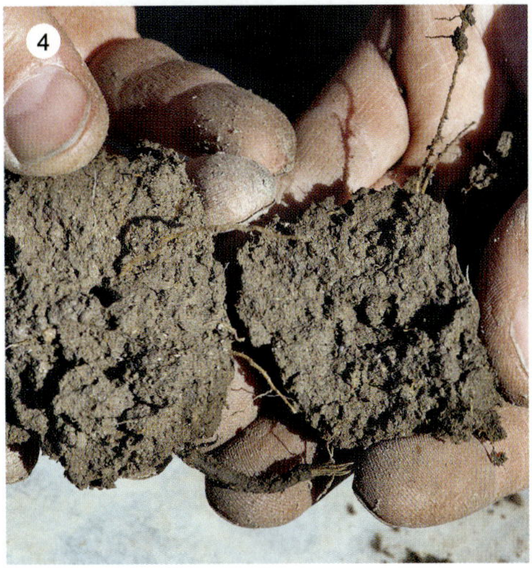

Test zur Bestimmung der Gefügestabilität

Bei der Spatenprobe haben Sie darauf geachtet, dass einige grobe Klumpen mit mehreren Zentimetern Durchmesser intakt bleiben. Platzieren Sie diese nun in einem mit Wasser gefüllten Glasbehälter und warten Sie ein paar Stunden. Das, was jetzt passiert, wird Ihnen Aufschluss über die Gefügestabilität Ihres Bodens geben. Zerfallen die Klumpen sehr schnell, ist die Struktur nicht stabil, was sehr oft auf einen Mangel an organischer Substanz zurückzuführen ist. Bleiben die Klumpen intakt, bedeutet das, dass der Boden über ein stabiles Gefüge verfügt. Das heißt, dass die Luft im Boden gut zirkuliert und dass dieser der Erosion durch Wasser gut standhält. Es ist notwendig, dem Boden regelmäßig organische Substanz (Gründünger, jungen Kompost) zuzuführen, um diese hohe Stabilität zu erhalten.

Direkte Beobachtung nach der Bodenbearbeitung

Sie können sich auch ein Bild von der Gefügestabilität machen, indem Sie die Klumpen an der Oberfläche auf einem Stück Boden, welches Sie kürzlich bearbeitet haben, nach einem Regen beobachten. Wenn die Klumpen lange intakt bleiben, verfügt der Boden über ein stabiles Gefüge. Wenn jedoch das Gegenteil eintritt und die Oberfläche schnell glatt wird, ist die Struktur sehr schlecht. Sie werden bemerken, dass der Wurmhumus* dem Regen besser standhält als die umliegende Erde: Dessen Struktur ist nämlich immer besser als jene des Bodens, da er besonders reich an Mikroorganismen und organischer Substanz ist. Je mehr Regenwürmer Ihr Boden also enthält, desto höher ist seine Gefügestabilität.

Wurmhumus hat eine stabilere Struktur als die ihn umgebende Erde.

Die Klumpen zerfallen langsam: ein Zeichen für hohe Gefügestabilität.

Wie ist die Textur des Bodens?

Zwei einfache Tests geben Aufschluss über die Textur eines Bodens: die Fingerprobe, die interessante qualitative Informationen liefert, und der Sedimentationstest, der eine tiefer gehende Betrachtung erlaubt, indem er die jeweiligen Anteile von Sand, Schluff und Ton im Boden zeigt.

Fingerprobe

Dieser Test erlaubt es, ein ungefähres Bild von der Textur des Bodens zu bekommen. Die wichtigsten mit diesem Test bestimmbaren Kriterien sind die Art, wie sich der Boden anfühlt, die Kohäsion und die Plastizität. Nehmen Sie eine Handvoll Erde und befeuchten Sie sie leicht, sodass Sie daraus eine Kugel formen können, die so homogen wie möglich ist. Werden Ihre Finger dabei schmutzig? Dann handelt es sich um Schluff. Ist die Erde sehr körnig? Dann handelt es sich um eher sandigen Boden, der schwer formbar ist. Das Formen von Würsten erlaubt eine Beurteilung der Plastizität, wobei die kleinsten Würste aus schluffiger und vor allem aus toniger Erde geformt werden können (s. Tabelle).

Gefühl **Anhaften an den Fingern**	**Kohäsion**	**Plastizität**	**Textur**
Klebt nicht an den Fingern Körnig Beschmutzt in trockenem Zustand die Finger nicht	Modellierung schwierig Schwache Kohäsion Rissiges Aussehen	Grobe Wurst > 7 mm	Sand bis schluffiger Sand
Wenig klebrig Leicht körnig Beschmutzt die Finger	Modellierung möglich bis einfach	Wurst von 2 bis 7 mm	Sandiger Schluff bis mittelfeiner Schluff
Klebrig Fühlt sich weich an Beschmutzt die Finger nicht	Modellierung einfach bis sehr einfach	Wurst < 2 mm Wurst lässt sich sehr leicht zu einem Ring formen	Toniger Schluff bis Ton

Nachdem Sie die Erde befeuchtet haben, rollen Sie sie zwischen den Handflächen.

Ergebnis der Fingerprobe bei drei unterschiedlichen Bodentypen (links: keine Wurst formbar = sehr sandiger Boden; Mitte: schwer formbar = sandiger Schluffboden; rechts: einfach formbar = toniger Boden).

Sedimentationstest

Durch diesen können die Ergebnisse der Fingerprobe noch verfeinert werden und es kann eine quantitative Schätzung der drei großen Korngrößengruppen (Sand, Schluff, Ton) vorgenommen werden.
Füllen Sie dazu ein Glasgefäß, welches durchsichtige und glatte Wände hat und so schmal ist wie möglich, etwa zur Hälfte mit Erde. Fügen Sie Wasser hinzu, aber lassen Sie noch etwas Platz, damit Sie das Ganze gut mischen können. Schütteln Sie das Gefäß kräftig und lassen Sie es anschließend stehen.
Die Funktion dieses Tests besteht darin, die Mineralteilchen nach Gewicht, und damit nach Größe, zu trennen. Die schwersten, die auch die größten sind, sinken am schnellsten auf den Boden des Gefäßes, während die kleinsten, die am leichtesten sind, lange im Wasser schweben. Nach einigen Stunden, oder sogar Tagen im Falle von sehr tonigen Böden, bilden sich Schichten. Ganz unten befindet sich die Sandschicht, oben die Tonschicht und dazwischen die Schluffschicht. Die organische Substanz besitzt weniger Dichte als das Wasser und treibt an der Oberfläche.
Sobald das Wasser klar wird, ist dies ein Zeichen dafür, dass sich alle Tonteilchen gesetzt haben. Dann kann man die Gesamtdicke der Erdschicht messen und die drei Anteile der Korngrößengruppen (Sand, Schluff, Ton) schätzen. Die Grenze zwischen Sand und Schluff ist nicht immer einfach festzustellen: Das passiert, wenn man die einzelnen Sandkörner nicht mehr voneinander unterscheiden kann. Die Grenze zwischen Schluff und Ton lässt sich möglicherweise an Unterschieden in der Farbe festmachen. Schüttelt man das Gefäß sachte, wirbelt man die Tonteilchen schnell wieder auf, was bei der Bestimmung der Grenze zwischen Ton und Schluff helfen kann. Sobald man die Gesamthöhe des Erdreichs sowie die Höhe der einzelnen Schichten mit Augenmaß ausgemessen hat, kann man die Prozentanteile von Sand, Schluff und Ton berechnen:

- % an Sand = (Höhe der Sandschicht x 100) / (Gesamthöhe des Erdreichs)
- % an Schluff = (Höhe der Schluffschicht x 100) / (Gesamthöhe des Erdreichs)
- % an Ton = (Höhe der Tonschicht x 100) / (Gesamthöhe des Erdreichs)

BEISPIEL FÜR DIE BESTIMMUNG ZWEIER SEHR UNTERSCHIEDLICHER TEXTUREN

Boden A (links) weist eine tonige Textur auf,
Boden B (rechts) eine sandige.

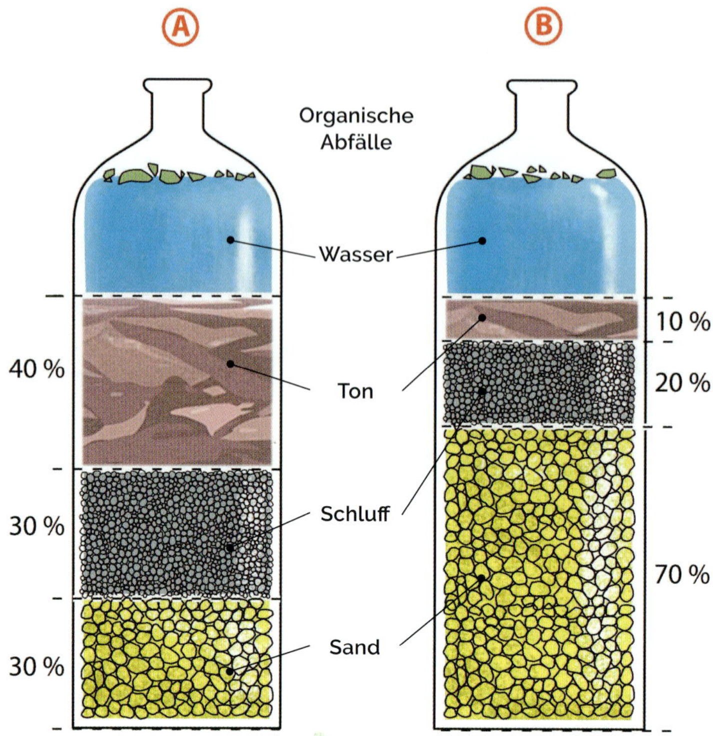

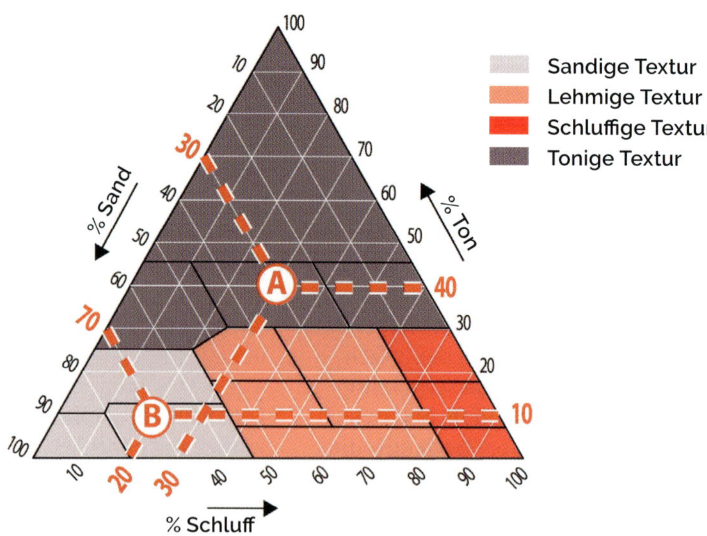

Quelle: Christian Feller und Guénola Péres, *LeSol, un merville sous nos pieds*, éd. Belin, 2018.

Die Erde in meinem Garten besteht aus sehr feinem Sand (hier zwei Bodenproben von verschiedenen Stellen). Man sieht dennoch einen feinen, helleren Streifen Ton. Der Schluff fehlt praktisch ganz oder, wenn es ihn gibt, kann man ihn mit bloßem Auge nur schwer vom feinen Sand unterscheiden.

Bei dieser Bodenprobe sind zwei deutlich voneinander abgegrenzte Bestandteile sichtbar: grober Sand unten und eine feinere Textur oben (Schluff). Die Tonteilchen haben sich noch nicht gesetzt; sie färben das Wasser beige.

Nutzen Sie die Tatsache, dass dieser Test so einfach durchzuführen ist, und nehmen Sie mehrere derartige Bodenproben aus Ihrem Garten, zum Beispiel auf einer Anhöhe und in einer Mulde, da es möglich ist, dass sich die Textur des Bodens von Stelle zu Stelle unterscheidet (sehr oft ist die Textur in Mulden toniger, da der Ton nach und nach Hänge hinuntergeschwemmt wird). Für eine noch genauere Bestimmung der Bodentextur (Verteilung der Anteile an grobem und feinem Sand, grobem und feinem Schluff) ist eine Bodenanalyse notwendig (s. S. 151).

Ist Ihr Boden reich an organischer Substanz?

Es gibt keinen einfachen Test, um festzustellen, ob der Boden Ihres Gartens reich an organischer Substanz ist. Die einzige Möglichkeit, den Gehalt an organischer Substanz festzustellen, ist, eine Probe an ein **Analyselabor** zu schicken (s. S. 151). Beobachtung erlaubt Ihnen, das Vorhandensein von organischer Substanz festzustellen, ohne aber die Menge schätzen zu können. Wir erinnern hier daran, dass der Anteil an organischer Substanz sehr gering ist und meist zwischen 1 und 5 % der Gesamtmasse des Bodens schwankt, also ist es nicht überraschend, dass die exakte Menge schwer abschätzbar ist. Des Weiteren ist die organische Substanz im Boden zum Großteil nicht mit freiem Auge sichtbar, da sie eng mit den kleinsten Mineralteilchen (Schluffe und Tonminerale) verbunden ist. Bei der Beobachtung des Profils oder bei der Spatenprobe können Sie das Vorhandensein von organischer Substanz am einfachsten ausmachen: durch eine dunklere Farbe an der Oberfläche, Wurzelstücke, die nicht verrottet sind, Regenwurmexkremente und abgerundete Aggregate (man sieht die organische Substanz nicht, aber man weiß, dass sie vorhanden ist, s. S. 73).

Ist Ihr Boden sauer oder alkalisch?

Die Beschaffenheit der Minerale, aus denen Ihr Boden entstanden ist, beeinflusst seinen Säuregrad. Wir haben bereits gesehen, dass dies Auswirkungen auf die Wahl der Pflanzen hat, die bei Ihnen gut wachsen. Es ist also wichtig, in Erfahrung zu bringen, ob Ihr Boden sauer oder alkalisch ist, selbst wenn Sie es nur ungefähr wissen. Die beiden einfachsten Tests sind der **Essigtest**, mit dem festgestellt werden kann, ob der Boden alkalisch ist, das heißt, ob er Aktivkalk* (s. Kasten S. 81) enthält, sowie der **Backpulvertest**, mit dem festgestellt werden kann, ob er sauer ist.

Die abgerundeten Ecken der Aggregate und der kleinen Klümpchen zeugen davon, dass dieser Boden reich an organischer Substanz ist.

Wasserstoffperoxid-Test

Dieser Test wird manchmal vorgeschlagen, wenn es darum geht, herauszufinden, ob ein Boden organische Substanz enthält. Wie auch der Essigtest (s. unten) basiert er auf der Abgabe von Kohlendioxid infolge der schnellen Oxidierung der organischen Substanz. Sie werden jedoch Schwierigkeiten haben, 30- bis 40%iges Wasserstoffperoxid zu bekommen, welches von Pedologen genutzt wird, um diesen Test durchzuführen. Es wird wegen seiner Gefährlichkeit nicht verkauft (in der Apotheke ist lediglich 10%iges Wasserstoffperoxid erhältlich, welches nicht ausreicht). Selbst wenn Sie 40%iges Wasserstoffperoxid finden sollten, zeigt dieser Test nur, ob organische Substanz im Boden vorhanden ist, aber gibt keine Anhaltspunkte zu ihrer Beschaffenheit oder ihrer Menge. Er erlaubt es auch nicht, festzustellen, ob der Boden 1 % oder 5 % organische Substanz enthält ... Dabei ist das ein beträchtlicher Unterschied! Lassen Sie also am besten die Finger davon.

Die Verwendung von Teststreifen erlaubt es, etwas genauer zu messen und den pH-Wert zu bestimmen.

Test mithilfe von Essig

Pedologen verwenden bevorzugt Salzsäure (HCl), die schneller reagiert als Essig. Sie kommen mit Essig, der weniger gefährlich und viel nützlicher im Haushalt ist als Salzsäure, aber genau zum gleichen Ergebnis. Verwenden Sie den billigsten Alkoholessig, den Sie vielleicht bereits als Reinigungsmittel zu Hause haben. Das Prinzip dieses Tests ist einfach: Entweder es bilden sich Blasen oder nicht. Die Blasen entstehen durch CO_2, welches durch die Zersetzung von Kalk freigesetzt wird. Sie treten auf, wenn der Boden Kalk enthält. Aus der Reaktion etwas abzulesen, ist ganz einfach: Wenn Blasen auftreten, nachdem Sie einige Tropfen Essig auf Erde in einem Schälchen gegossen haben, ist sie kalkhaltig und besitzt einen pH-Wert von über 7,5. Wenn sich keine Blasen bilden, selbst nachdem die Erde ein zweites Mal übergossen wurde, ist der Boden neutral oder sauer. Es ist kaum möglich, hier ein präziseres Ergebnis zu erzielen. Dennoch lässt sich Folgendes sagen: Je mehr Blasen schnell auftreten und je größer sie sind, desto kalkhaltiger ist der Boden und desto höher ist auch sein pH-Wert. Um zu vermeiden, dass der Essig verdünnt wird, machen Sie den Test nicht auf zu feuchtem Boden.

Dieser Test zeigt Ihnen, ob Ihr Boden kalkhaltig ist oder nicht, aber nicht, ob er neutral (pH-Wert zwischen 6,5 und 7,5) oder sauer (pH-Wert < 6,5) ist. Dies können Sie mit dem folgenden Test bestimmen – dem Backpulvertest.

Gesamtkalk und Aktivkalk

Kalk ist ein Gestein, welches aus Kalziumkarbonat ($Ca(CO_3)_2$) besteht und mehr oder weniger fein fragmentiert im Boden vorkommt. Um dieser Fragmentierung Rechnung zu tragen, wird zwischen Gesamtkalk* und Aktivkalk unterschieden. Gesamtkalk bezeichnet den gesamten in einer Bodenprobe enthaltenen Kalk, unabhängig von der Größe der Teilchen, in deren Inneren er sich befindet. Im Gegensatz dazu bezeichnet Aktivkalk jenen Kalk, der sehr schnell chemische Reaktionen eingeht. Er entspricht der feinsten Körnung – jener, die mit Säuren reagiert. Mit dem Essigtest kann also Aktivkalk nachgewiesen werden.

Essigtest: Die vielen Blasen zeigen, dass die Erde in meinem Garten sicherlich kalkhaltig ist!

Keine Reaktion auf den Essig: Hier handelt es sich um neutralen oder sauren Boden.

Backpulvertest

Hat Ihr Boden auf den Essig nicht reagiert, ist er neutral oder sauer. Der Backpulvertest wird Ihnen hier Gewissheit verschaffen. Backpulver gibt es in Pulverform und man findet es schnell im Lebensmittelgeschäft oder in der Apotheke. Diesmal müssen Sie Ihre Bodenprobe befeuchten, vorzugsweise mit destilliertem Wasser, und daraus Schlamm machen. Streuen Sie anschließend etwas Backpulver darüber. Wenn sich Blasen bilden, ist der Boden sauer (pH-Wert < 6,5). Entstehen keine Blasen, ist der Boden neutral (pH-Wert zwischen 6,5 und 7,5). Die chemische Reaktion, die hier stattfindet oder auch nicht, ist die gleiche wie beim Essigtest. Auch hier wird Kohlendioxid, CO_2, freigesetzt, diesmal allerdings entsteht das CO_2 beim Abbau des zugeführten Backpulvers ($NaHCO_3$) aufgrund der Säure des Bodens.

pH-Teststreifen

Jetzt wissen Sie, ob Ihr Boden alkalisch oder sauer ist, das bedeutet, ob er entweder einen pH-Wert von über 7,5 oder unter 6,5 hat. Um hier noch präziser zu sein, ist es nötig, die Azidität oder Alkalität des Bodens genauer zu bestimmen. Sie können darauf verzichten, eine Bodenprobe an ein Labor zu schicken, da es überall im Handel pH-Teststreifen gibt, die Sie entweder im Versandhandel oder in den meisten Gartenfachgeschäften bekommen. Diese Teststreifen sind mit farbigen Indikatoren getränkt, die je nach Säuregrad des Bodens aufleuchten. Die Messung ist auf 0,5 Einheiten genau. Dies ist ausreichend, da Sie so herausfinden können, ob Ihre Erde einen pH-Wert von 4, 4,5, 5 oder ... bis zu einem Wert von 9 hat. Besitzen Sie bereits pH-Teststreifen, bevor Sie die beiden vorhergehenden Tests durchgeführt haben, können Sie sie natürlich überspringen.

Gebrauchsanweisung

Die Gebrauchsanweisung für solche pH-Teststreifen finden Sie in jedem Set. Hier ist ein Beispiel: „Nehmen Sie eine Bodenprobe an zwei oder drei verschiedenen Stellen. Vermischen Sie die Proben miteinander und füllen Sie das Röhrchen (im Set enthalten) zu einem Drittel mit der entnommenen Erde. Füllen Sie das Röhrchen anschließend bis 2 cm unter den Rand mit destilliertem Wasser auf und schütteln Sie es kräftig. Stellen Sie das Röhrchen 5 Min. lang ab und stecken Sie anschließend den Teststreifen in Pfeilrichtung für 4 bis 5 Sek. in das Gemisch aus Erde und Wasser. Ziehen Sie den Teststreifen heraus und vergleichen Sie die Farbe des Testfeldes (in der Mitte des Streifens) mit der Farbskala auf dem Teststreifen."

Interpretation

Anschließend können Sie den Grad der Azidität oder der Alkalität Ihres Bodens genau zuordnen, indem Sie sich auf folgende Tabelle beziehen (Quelle: *Référentiel pédologique français*, Bodenklassifikationssystem):

pH	Bodentyp
< 3,5	extrem sauer
3,5–5,0	stark sauer
5,0–6,5	sauer
6,5–7,5	neutral
7,5–8,7	alkalisch
> 8,7	stark alkalisch

Zur Verbesserung des pH-Werts des Bodens s. S. 142.

Anwendung eines pH-Teststreifens: Der hier getestete Boden hat einen pH-Wert von etwa 5.

STRUKTUR, TEXTUR UND PH-WERT: ZUSAMMENFASSUNG DER TESTS

BODENPROFIL

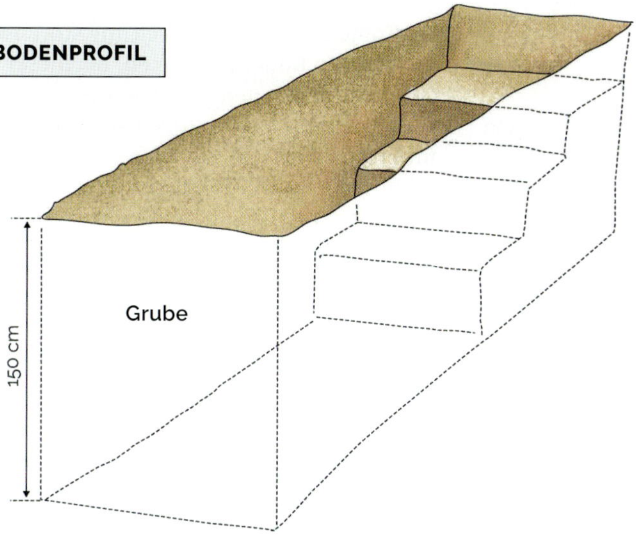

STRUKTUR

① Spatenprobe

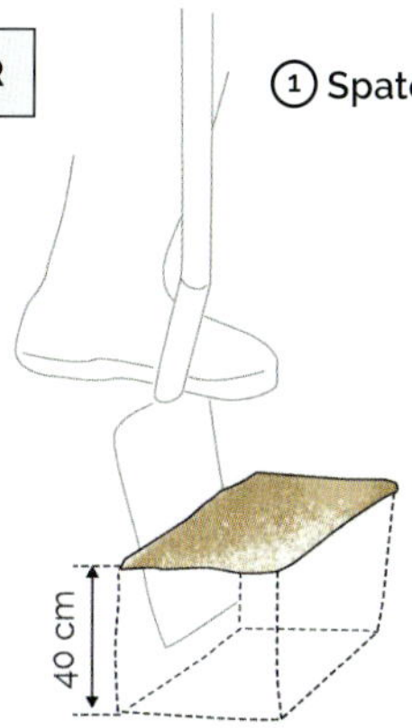

② Test der Gefügestabilität

TEXTUR

① Fingerprobe

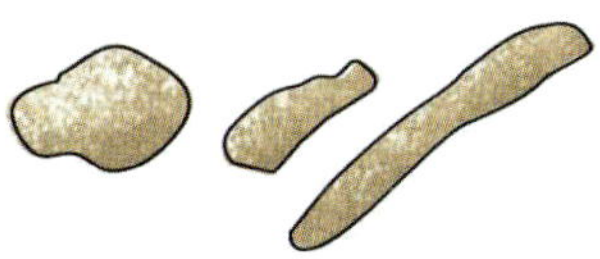

② Sedimentationstest

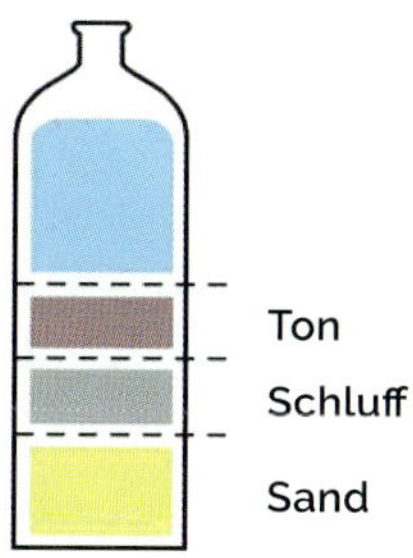

PH-WERT

① Test mithilfe von Essig pH-Wert > 7,5

② Backpulvertest pH-Wert < 6,5

③ pH-Teststreifen auf 0,5 Einheiten genau

Welche Lebewesen beheimatet Ihr Boden?

Gehen Sie auf Entdeckungsreise in Ihrem Boden und versuchen Sie, wenn nicht alle, zumindest den Großteil der im ersten Teil dieses Buchs beschriebenen Lebewesen zu finden. Dies liefert Ihnen verlässliche Anhaltspunkte für die Vitalität Ihres Bodens. Indem Sie lernen, regelmäßig die Tiere zu beobachten, können Sie die Entwicklung ihrer Bestände mitverfolgen. Ich beobachte zum Beispiel immer mehr Blindschleichen mitten in meinem Gemüsegarten, was mit der immer ausgedehnteren und dicker werdenden Mulchschicht zusammenhängt. Früher zogen sich die wenigen Blindschleichen immer in den Komposthaufen oder in die Grasstreifen rund um den Gemüsegarten zurück. **Direkte Beobachtung** ist die einfachste Art von Beobachtung und wird entweder bei der Bodenbearbeitung durchgeführt oder indem man nachsieht, was sich unter der Mulchdecke abspielt. Später werden wir sehen, dass es ein einfaches Gerät gibt, um noch mehr Tiere zu beobachten: den Berlese-Trichter (s. S. 88) – den man selbst basteln kann.

Beobachtung bei der Bodenbearbeitung

Während der Bodenbearbeitung stören Sie die größten Bodenlebewesen. Bei dieser Gelegenheit können Sie lernen, endogäische von anektischen Regenwurmarten zu unterscheiden (s. S. 34). Ich zerdrücke sehr gerne die großen Erdklumpen mit der Hand, was mir erlaubt, zahlreiche Tiere ganz aus der Nähe zu beobachten. Außer Regenwürmern kann ich noch die größten Springschwänze, die komplett weiß sind und sich sehr schnell fortbewegen, Insektenlarven (hier nutze ich die Gelegenheit, um Schnellkäferlarven* zu zerschneiden, da ich weiß, dass diese mehrere Jahre im Boden leben und Gänge in Pflanzenwurzeln, Rhizome und Wuzelknollen graben), Bauchfüßler wie die Rucksackschnecke – ich bin in der glücklichen Lage, sie in meinem Garten zu haben – sowie Spinnen etc. beobachten.

Blick unter den Mulch

Ihr Garten ist vollständig gemulcht, mit Ausnahme der Flächen, die frisch bearbeitet wurden oder wo gerade eine Aussaat stattfand. Deshalb können Sie die Tiere, die darunter an der Bodenoberfläche leben, nicht direkt sehen. Hier ist anzumerken,

Schnellkäferlarve.

Rosenkäferlarve, lebt häufig im Kompost.

dass, wenn Sie Ihren Garten nicht mulchen, Sie auch nicht viele Tiere sehen werden, da der Mulch zahlreichen Tieren Lebensraum bietet. Es ist folglich nötig, den Mulch anzuheben, um zu sehen, was darunter kreucht und fleucht: Springschwänze, epigäische Regenwurmarten, Ameisen, Tausendfüßler, Laufkäfer, Blindschleichen.

Nächtliche Jagd auf Regenwürmer

Regenwürmer kommen nachts an die Oberfläche. Es genügt also, eine gute Taschenlampe zur Hand zu nehmen, will man ihnen einen Besuch abstatten. Sie werden von ihrer großen Zahl (so hoffe ich) und ihrer Lebendigkeit überrascht sein. Sobald sie nämlich Licht wahrnehmen, ziehen sie sich rasch in ihre Gänge zurück, an denen sie sich im Regelfall mit ihrem Hinterteil festhalten, während sie mit ihrem Vorderende den Boden im 360-Grad-Winkel durchforsten, um alle Pflanzenteile, die dort herumliegen oder die Sie absichtlich dort platziert haben, zu erwischen.

In Komposthaufen

Der Kompost ist jener Ort im Garten, an dem die meisten Lebewesen konzentriert sind. Die gesamte Kette an Destruenten ist dort anzutreffen, mit Aktivitätsspitzen entsprechend ihrem Platz in der Abbaukette und dem Zerfallsstadium der organischen Substanz, die kompostiert wurde. Sie können dort also alle Destruenten sehen, die auch in der Streu leben: Asseln, Insektenlarven, Tausendfüßler, epigäische Regenwürmer. Unter den Käferlarven gibt es eine große weiße, die den Kompost besonders schätzt: die des Rosenkäfers (s. Foto). Diese ist nicht zu verwechseln mit der Maikäferlarve, die in der Erde lebt. Die Milliarden von Bakterien, die im Kompost leben, können Sie nicht sehen, da sie viel zu klein sind. Sie können allerdings ihre rege Aktivität beobachten: Sie sind es, die den Temperaturanstieg im Komposthaufen bewirken.

Ein Berlese-Trichter zur Beobachtung der Mesofauna

Mit freiem Auge und vor Ort können Sie die Hauptvertreter der Makrofauna beobachten, sei es in der Erde, unter dem Mulch oder im Kompost. Um die Tiere der Mesofauna (0,2–4 mm) beobachten zu können, ist es nötig, eine Bodenprobe zu nehmen und daraus die kleinsten Tierchen zu entnehmen. Anschließend kann man sie mithilfe eines Stereomikroskops betrachten. Die beste Methode, die Mesofauna von der Erde zu trennen, ist mithilfe des Berlese-Trichters, der nach seinem Erfinder Antonio Berlese (1863–1972) benannt ist. Die Funktionsweise des Trichters besteht darin, die Tiere zum Wandern zu bewegen, um sie dann in einem Gefäß aufzufangen. Eine Lampe ① gibt grelles Licht und Wärme ab, was dazu führt, dass die Tiere aus der Boden- oder Kompostprobe nach unten ausweichen ② und schließlich in ein unter dem Trichter platziertes Gefäß fallen ③. Ein Trichter, der mit einem Gitter ausgestattet ist, macht es möglich, die gröbsten Teile der Probe aufzufangen. Danach müssen Sie nur mehr die so gesammelten Tiere in einem Schälchen platzieren, um sie mit einem Mikroskop, wenn möglich einem Stereomikroskop ④, zu betrachten. Der Berlese-Trichter kann ganz einfach selbst hergestellt werden (s. Kasten) und ein gutes Stereomikroskop bekommt man bereits um etwa 50 Euro.

Wie sieht man Bakterien und Pilze?

Es ist unmöglich, diese mit dem freien Auge zu beobachten, da ihre Größe im Mikrometerbereich liegt, was bedeutet, dass sie tausend Mal kleiner sind als 1 mm. Man kann ihre Gegenwart jedoch einfach feststellen. Im Boden zeugt nämlich die rundliche Form der Aggregate von der Aktivität der Bakterien und Pilze. Diese können Sie bei der Untersuchung der Erdklumpen im Zuge der Spatenprobe ganz einfach feststellen. In einem Komposthaufen ist das, wie bereits erwähnt, noch einfacher: Wenn er warm wird, ist sicher, dass sich in ihm Milliarden von Bakterien befinden. Pilzfilamente, die Bündel bilden, sind manchmal mit freiem Auge sichtbar, vor allem wenn es sich um Mykorrhizen handelt (s. Foto S. 90). Indirekt kann man so auch Rhizobien beobachten, die für die symbiotische Stickstofffixierung verantwortlich sind, da diese sich in den Wurzelknöllchen auf den Wurzeln der Hülsenfruchtgewächse befinden. Sie können sich sogar selbst von ihrer Aktivität überzeugen: Reißen Sie eine Ackerbohnen-, Bohnen- oder Erbsenpflanze aus und zerschneiden Sie ein Wurzelknöllchen. Ist das Innere lachsrosa, arbeiten die Bakterien richtig.

Nichts ist leichter, als einen Berlese-Trichter zu basteln. Dieser besteht lediglich aus drei Elementen: einem Trichter, einem Gitter und einem Auffangbehälter. Die Mündung des Trichters sollte weit genug sein, damit so viele Tierchen wie möglich in den Auffangbehälter gelangen können. Verwenden Sie eine Konservendose als Auffangbehälter, da diese für eine dunkle Umgebung sorgt und der ganzen Konstruktion eine stabilere Basis verleiht. Das Gitter sollte nicht zu engmaschig sein, damit auch Insekten mit einer Größe von einigen Millimetern durchfallen, aber auch nicht zu grob, damit ausreichend Erde zurückgehalten wird. Eine Maschenweite von 2 bis 2,5 mm ist ideal. Sobald die drei Teile aufgebaut sind, müssen Sie nur mehr die Erd- oder Kompostprobe in der Mitte des Trichters platzieren und ihn von oben mit einer Schreibtischlampe beleuchten.

BAUEN SIE SICH IHREN EIGENEN BERLESE-TRICHTER

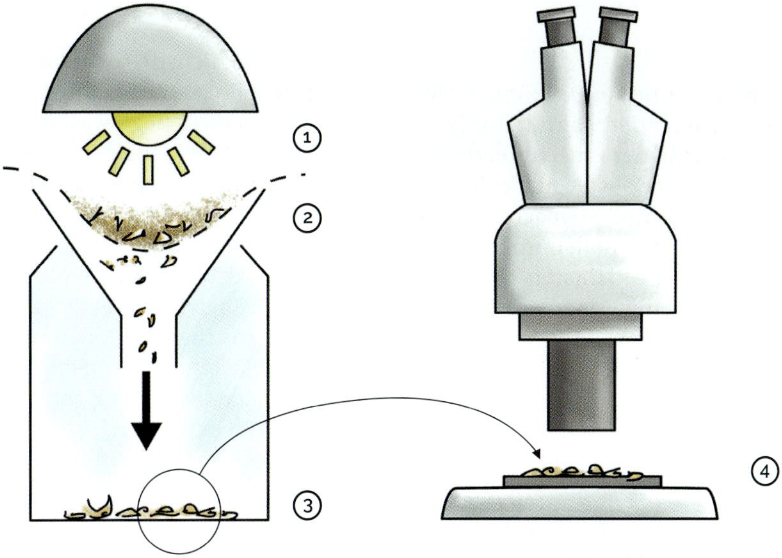

Der Berlese-Trichter, eine ganz einfache Vorrichtung.

Mykorrhizapilze verlängern eine Graswurzel.

Die lachsrosa Färbung im Inneren des Wurzelknöllchens zeugt von der Aktivität des Rhizobiums.

Den Boden bearbeiten

In der Natur wachsen die Pflanzen, ohne dass jemand den Boden auf sie vorbereitet hätte. Warum dann im Garten den Boden bearbeiten? Auch wenn es möglich ist, auf die Bodenbearbeitung zu verzichten, erfordert die Einrichtung eines Gemüsegartens doch ein Mindestmaß an Vorarbeit. Die meisten Gemüsepflanzen sind keine Wildpflanzen: Sie müssen von uns betreut werden, vor allem während der Aussaat oder des Einsetzens. Man sollte jedoch auch nicht dazu übergehen, eine Trägersubstanz aus dem Boden zu machen, wie es in der Landwirtschaft oft der Fall ist, sondern man sollte ein annehmbares Gleichgewicht zwischen dem Schutz der Bodenlebewesen und der Entwicklung der Pflanzen, die wir gerne anbauen möchten, finden.

Warum den Boden bearbeiten?

Den Boden bearbeiten … das ist eine nicht besonders zum Gärtnern einladende Formulierung, denn das Gärtnern sollte doch eigentlich eine Freizeitbeschäftigung sein! Wir werden uns ansehen, dass, auch wenn wir diese Tätigkeit unter bestimmten Bedingungen umgehen können, die Bodenbearbeitung dennoch meistens unumgänglich ist, was mehrere Gründe hat.

Vor allem zum Belüften!

Im Laufe der Zeit neigt ein Boden natürlicherweise dazu, sich durch die Einwirkung von Regen, Schnee oder schweren Tieren zu verdichten. Wird ihm nicht regelmäßig organische Substanz zugeführt, nimmt seine Dichte zu. Dennoch schaffen es viele Pflanzen, dort spontan zu wachsen, aber dabei handelt es sich wahrscheinlich nicht unbedingt um Ihr Lieblingsgemüse … Egal welches Werkzeug Sie benutzen, das Hauptziel der Bodenbearbeitung liegt darin, ihn zu belüften, also aus einer verdichteten eine krümelige Struktur zu machen, deren Volumen zu bis zu 50 % aus Luft bestehen kann.

Den Boden bis in welche Tiefe bearbeiten?

Der Boden sollte so tief wie möglich bearbeitet werden, ohne dabei die Erde zu wenden. Wenn die Erde nämlich gewendet wird, ob von einer Pflugschar beim Ackern oder beim Umstechen mit einem Spaten, wird die reichhaltigste Schicht, die sich an der Oberfläche befindet, nach unten befördert. Das ist sehr schade, da die Mikroorganismen, die nun in 20 oder 30 cm Tiefe verscharrt sind, nicht aus eigener Kraft wieder an die Oberfläche kommen können und so in der Tiefe möglicherweise zu wenig Sauerstoff bekommen, vor allem, wenn der Boden tonig ist. Wenn Sie hingegen ein Werkzeug mit Zinken nutzen und die Erde nicht wenden, sollten Sie sie vorzugsweise bis in eine Tiefe von 30 cm bearbeiten.

Der Höhenunterschied von 10 cm zwischen der bearbeiteten (links) und der unbearbeiteten Fläche entspricht einer Luftsäule von 10 cm, die nun im bearbeiteten Boden enthalten ist (Bearbeitung in eine Tiefe von 20 cm / 10 cm = 50 % Porosität geschaffen).

Um Aussaat und Einsetzen vorzubereiten

Die Bodenbearbeitung ist auch nötig, um das Aufkeimen der Saat oder das Anwurzeln der eingesetzten Pflanzen zu erleichtern. Hier reicht unter Umständen oberflächliche Bearbeitung, vorausgesetzt, die Erde wird in der Tiefe nicht verdichtet. Diese sollte fein genug sein, um einen guten Kontakt mit der Saat sicherzustellen, vor allem wenn die Samen klein sind. Allerdings sollte die Erde nicht zu feinkörnig sein, da sie sonst nach dem leichtesten Regen eine verdichtete Schicht bildet.

Wenig oder keine Eingriffe während des Heranwachsens einer Kultur

Sobald Sie einmal mit Aussaat oder Einsetzen fertig sind, brauchen Sie im Prinzip Ihren Boden nicht mehr anzufassen. Dennoch werden bestimmte Arbeiten häufig um die Pflanzen durchgeführt: Auflockern, Häufeln, Jäten … Kann man darauf verzichten? Ja.

Diese Arbeiten sind nur dann nötig, wenn die Erde unbedeckt bleibt, was leider in vielen Gemüsegärten noch die Regel ist. Ist die gesamte Oberfläche des Gartens von Mulch bedeckt, sind solche Maßnahmen nutzlos.

- Auflockern – welches darin besteht, die Kruste an der Bodenoberfläche aufzubrechen, ist eine effiziente Maßnahme (s. S. 99), sollte aber nur durchgeführt werden, wenn nötig, zum Beispiel bevor gemulcht wird oder wenn der Boden verdichtet ist.
- Häufeln, welches darin besteht, dass Erde am Fuße bestimmter Gemüsepflanzen, wie etwa Kartoffeln oder Bohnen, angehäuft wird, kann durch eine dicke Mulchschicht ersetzt werden, die dieselbe Wirkung hat. (Die Wurzeln werden gekühlt und die Wurzelknollen im Dunkeln gehalten.)
- Jäten, welches darin besteht, unerwünschte Pflanzen an der Bodenoberfläche abzuschneiden, ist nutzlos, wenn richtig gemulcht wird.

Hören Sie auf, Ihrem Rücken zu schaden!

Ein flacher Spaten hat den Nachteil, dass damit die Erde geglättet und Regenwürmer zerschnitten werden.

Die Fortpflanzungszeiten der Regenwürmer sind Frühjahr und Herbst. Achten Sie also darauf, sie in diesen beiden Jahreszeiten nicht zu sehr durch mechanische, traumatisierende Eingriffe (flacher Spaten, Einachsschlepper) zu stören.

Wann soll der Boden bearbeitet werden?

Der Boden sollte bei der Bearbeitung weder zu feucht noch zu trocken sein. Wird ein Handwerkzeug verwendet, riskiert man kaum, die Erde in zu trockenem Zustand zu bearbeiten. Dagegen sollte man um jeden Preis davon absehen, feuchten Boden zu bearbeiten. Man riskiert damit, seine Struktur stark zu schädigen, indem man die mit Wasser gefüllten Poren zusammenquetscht und so zerdrückt.

Die wichtigsten Bearbeitungsmethoden

Nun werden wir die wichtigsten Vorbereitungsmethoden im Gemüsegarten aufzählen, im Zuge derer eine Bodenbearbeitung nötig ist. Dabei wird angegeben, wie man die negativen Folgen umgeht und wann sie doch vermeidbar ist.

Umgraben

Üblicherweise macht man dies mit einem Spaten[3]. Umgraben ist die wichtigste Methode, den Boden im Gemüsegarten vorzubereiten. Diese Methode erlaubt es, eine harte Bodenstruktur krümelig zu machen, was für die Aussaat der meisten Samen und das Einsetzen der meisten Pflanzen nötig ist. Diese Arbeit kann sich aber auch als schädlich für Ihren Rücken und als traumatisch für die Bodenbewohner herausstellen! Aus diesen beiden Gründen wird Umgraben immer öfter infrage gestellt. Später werden wir sehen, dass es außerdem auch möglich ist, darauf zu verzichten (S. 107).

3 Die wichtigsten Werkzeuge zur Bodenbearbeitung finden Sie im Merkheft auf S. 154.

- **Schädlich für den Rücken.** Der Griff eines flachen Spatens oder einer klassischen Grabegabel macht es notwendig, sich weit genug zu bücken und sich dann wieder aufzurichten, während man mehrere Kilogramm Erde hochhebt, welche dann mithilfe einer Rotationsbewegung der Handgelenke zur Seite befördert werden. Uff ... Es überrascht nicht, dass ab einer Fläche von 100 bis 200 m² der Spaten dem Einachsschlepper weichen muss. Letztere jedoch ist nicht angenehmer in der Bedienung: Sehr oft ist der Start schwierig und Vibrationen machen Schultern und Rücken zu schaffen. In den vergangenen Jahrzehnten kamen größere Spaten auf, die dazu gedacht waren, die Erde anzuheben, ohne sie zu wenden. Diese erlauben eine schnellere und weniger ermüdende Arbeit als die klassischen Spaten. Hier sei nur die berühmte Grelinette* (Grabegabel) erwähnt, aber es gibt noch viele andere Modelle. Ich persönlich verwende seit 35 Jahren einen Spaten mit dem Namen Aérabêche (eine zweistielige Grabegabel, s. S. 104).

- **Traumatisch für die Bodenbewohner.** Einachsschlepper beeinträchtigen die Bodenlebewesen am meisten (s. Kasten S. 96), aber selbst das Arbeiten mit Handwerkzeug ist nicht unbedenklich. Das Wenden der Erde mit dem traditionellen Spaten verscharrt Bakterien und Pilze in der Tiefe, aus der sie nicht mehr selbst herauskommen, und führt zu deren mehrmonatiger Inaktivität. (Bis ein Regenwurm einige von ihnen wieder an die Oberfläche trägt.) Auch die Regenwürmer bleiben von einem flachen Spaten nicht unbeeinträchtigt. Vor allem die endogäischen Arten befinden sich eher in waagerechter Position im Boden und laufen so Gefahr, schnell von einem Spatenstich zerschnitten zu werden.

Umgraben dem Bodentyp anpassen

Das Umgraben gestaltet sich je nach Bodenstruktur mehr oder weniger einfach, da diese wiederum von der Textur

Die verheerenden Folgen des Einachsschleppers

Vor allem von der Verwendung von Fräsen, die schnell in der Erde rotieren, ist abzuraten. Der „Staub", der so entsteht, ist schlecht für die Durchlüftung des Bodens, da er die Bodenporosität zerstört. Außerdem nimmt die Erde, wenn sie zu feinkörnig ist, an Masse zu, sobald sie wieder feucht wird. Des Weiteren werden die größten Bodenlebewesen, allen voran Regenwürmer, von den schnell rotierenden Metallscheiben zerstückelt. Nutzen Sie die Würmer lieber zur Bodenbelüftung, statt sie in Stücke zu schneiden! Wenn Sie trotzdem einen Einachsschlepper verwenden, dann nutzen Sie ihn nicht in den beiden Jahreszeiten, in denen die Würmer besonders aktiv sind: Frühjahr und Herbst. Nutzen Sie beispielsweise sonnige Wintertage, um damit anzufangen, Ihren Boden vorzubereiten, wenn dieser nicht ohnehin zu feucht ist. Der Pflug nimmt mehr Rücksicht auf die Bodenlebewesen und die Struktur, da er große Erdmassen wendet. Er bringt jedoch den Nachteil mit sich, dass die Erde in der Tiefe verdichtet wird und eine dichte Schicht, die sogenannte Pflugsohle*, entsteht. Doch nicht nur die großen Tiere werden durch mechanische Bodenbearbeitung gestört. Das Netzwerk an Myzelien wird auch teilweise durch die Fräsen des Einachsschleppers zerstört. Damit die Schäden gering gehalten werden, sollten nur die niedrigsten Geschwindigkeitsstufen des Geräts verwendet werden und bergab gearbeitet werden und niemals bergauf.

abhängt. Eines ist sicher: Je mehr organische Substanz ein Boden enthält, desto einfacher lässt er sich umstechen, da die Dichte von organischer Substanz zwei- bis dreimal geringer ist als jene der meisten bebauten Böden.
Das führt dazu, dass, sobald man seinen Boden mit organischer Substanz anreichert, man ihn leichter macht. Tonige Böden sind am schwersten umzustechen, da sie im feuchten Zustand zu weich sind und im trockenen Zustand zu hart. Am besten ist hier, sie im Herbst grob umzustechen, um im Winter Regen und Frost ihre Arbeit machen zu lassen. Nach dem Regen sind die groben Klumpen mit Wasser getränkt und der Frost sprengt diese dann. Nach und nach werden die Klumpen immer kleiner, und im Frühjahr reicht ein Durchgang mit der Zinkenhacke und die Arbeit ist getan. Treten Sie nicht auf jene Flächen, die Sie gerade umgegraben haben. Gewöhnen Sie sich an, rückwärts zu arbeiten. Legen Sie ungefähr 80 cm lange Bretter bereit, deren Mitte Sie leicht aus allen Richtungen erreichen können, ohne die Erde zu zertrampeln.

Bodenverbesserungsmittel ausbringen

Nach dem Umgraben und vor der Aussaat oder dem Einsetzen ist der geeignetste Zeitpunkt, um dem Boden mineralische* oder organische* Bodenverbesserungsmittel zuzuführen. Davon, Mist oder Gründünger vor dem Umgraben zu verscharren, ist dringend abzuraten, vor allem bei schweren Böden, da die Verrottung in der Tiefe nicht richtig abläuft. Das praktischste Werkzeug ist die Zinkenhacke (s. S. 154). Mit ihr kann feines Material, wie Kompost, und auch gröberes Material, wie Gründünger, in den Boden eingearbeitet werden. Der Rechen wird für das oberflächlichere Ausbringen von zum Beispiel Kompost oder Asche genutzt. Das Material muss nicht verscharrt werden, wenn unmittelbar nach dem Ausbringen gemulcht wird.

Aussaaten

Ist der Boden einmal umgegraben, um ihn zu belüften, ist er noch nicht ganz bereit für die Aussaat, vor allem nicht für die

Die Blöcke in diesem tonigen Boden werden im Laufe des Winters nach und nach zerfallen.

Tritt man auf frisch umgegrabene Erde, zerdrückt man dadurch all die neu geformten Poren: eine regelrechte Vergeudung!

Junge Bohnenpflanzen bohren sich mit Leichtigkeit durch eine trockene Erdkruste nach der Aussaat in Form von Häufchensaat.

Auflockerungsarbeiten entlang einer Reihe von Karottenpflanzen, so lange bis sie groß genug dafür sind, dass gemulcht werden kann.

Aussaat sehr kleiner Samen, wie jener von Karotten, Kohl, Salat etc. Das Universalwerkzeug zur Verfeinerung des Bodens ist der Rechen. Sind die Klumpen zu grob, kann zuvor eine Bearbeitung mit Spitzhacke oder Hacke nützlich sein, aber für einen Boden, der schon recht krümelig ist, reicht der Rechen vollkommen.
Versuchen Sie nicht, eine Erde zu erreichen, die so fein ist wie der Durchmesser der kleinen Samen, da Sie sonst riskieren, dass diese beim ersten Regen an Masse zunimmt. Es ist vorzuziehen, eine gröbere Textur aufrechtzuerhalten und mit dem Rücken eines Rechens den Boden leicht zusammenzudrücken, um den Kontakt zwischen Samen und Erde sicherzustellen. Die Aussaat direkt in eine Kompostschicht erleichtert das Aufkeimen und Austreiben der Saat. Dies ist vor allem für schluffige Böden interessant, da man so das Phänomen der Oberflächenverschlämmung vermeidet, welches bei jeder Bewässerung entsteht. Um das Aufkeimen zu erleichtern, kann für bestimmte Samen, wie jene der Bohnen, die Häufchensaat eingesetzt werden. Ganz nach dem Motto „Gemeinsam sind wir stark" durchdringen die fünf oder sechs Samen, die gemeinsam im Loch aufkeimen, viel leichter die trockene Kruste des Bodens, als wenn sie einzeln entlang einer Linie, weit weg voneinander, ausgesät werden (s. Foto).

Das Einsetzen

Eingesetzte Pflanzen – ob mit Ballen oder wurzelnackt – benötigen keine so minutiöse Vorbereitung des Bodens, vor allem, was die Oberfläche angeht. Die Erde sollte jedoch in tieferen Schichten weich sein, und es sollte nach dem Umsetzen reichlich gegossen werden, um die Verwurzelung der Pflänzchen zu fördern.

Auflockern

Auflockern bezeichnet das Aufbrechen der Kruste, die sich in den ersten Zentimetern an der Oberfläche bildet, wenn der Boden trocknet. Diese Kruste scheint sehr dicht, aber in Wirklichkeit ist sie von tausenden

DIE WIRKUNG DER AUFLOCKERUNG

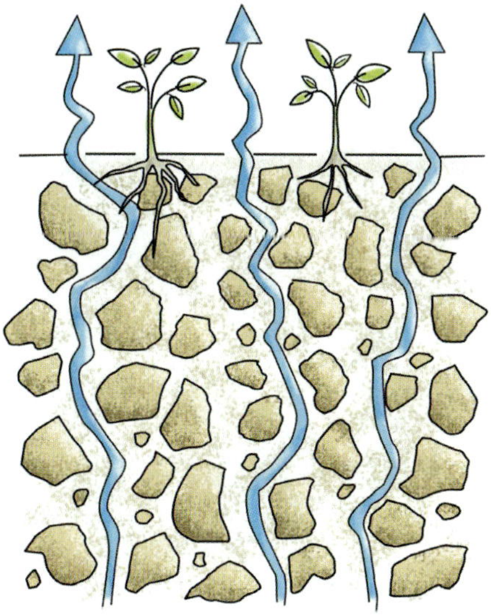

1. Ohne Auflockerung verdunstet das Wasser.

2. Dank der Auflockerung wird die Evaporation begrenzt.

kleinen Kanälen durchdrungen, durch die der Wasserdampf entweicht. Die Schicht an aufgelockerter Erde, die meist ca. 10 cm dick ist, begrenzt die Evaporation*, da diese senkrechten Kanäle zerstört wurden. Die Gärtnerregel „Einmal hacken spart dreimal gießen" stimmt tatsächlich … wenn man seinen Garten niemals mulcht. Das Auflockern des Bodens erlaubt es zwar, in größeren Abständen zu gießen, aber Letzteres ist unerlässlich und verdichtet langsam den Boden, der dann erneut aufgelockert werden muss … So verbringt man den ganzen Sommer mit Gießen und Auflockern! Um die Wirkung des Mulchens zu verbessern, ist es empfehlenswert, vor dem Mulchen im Frühjahr zu hacken. Ist der Mulch einmal ausgebracht worden, hat es keinen Sinn, den ganzen Sommer über weiter zu hacken. Tomaten, Auberginen, Paprika und Kürbis benötigen kein Hacken, sofern unmittelbar nach deren Einsetzen gemulcht wird, da die Erde gar nicht genug Zeit hat, um auszutrocknen und eine Kruste an der Oberfläche zu bilden. Außerdem ist davon abzuraten, am Fuße der Tomatenpflanzen zu hacken, da man riskiert, alle Adventivwurzeln* abzutrennen, die am unteren Ende des Stängels wachsen. Ich persönlich benutze die Hacke mit langem Stiel fast gar nicht mehr, sondern nur die kleine Handhacke, mit der ich die Erde entlang junger Sämlinge umgrabe, wenn sie noch nicht groß genug dafür sind, dass gemulcht werden kann.

Häufeln

Wird nicht gemulcht, benötigen Kartoffeln im Allgemeinen ein- oder zweimaliges Häufeln, welches darin besteht, dass Erde am Fuße der Pflanzen angehäuft wird. Diese Technik erlaubt es, die jungen Wurzelknollen vor Licht zu schützen und dabei gleichzeitig Unkraut zu jäten. Das gleiche

Diese Kartoffeln sind zwischen der Bodenoberfläche und der Mulchschicht gewachsen.

Ist das traditionelle Häufeln bei Kartoffeln wirklich nützlich?

Ergebnis – Dunkelhalten der Wurzelknollen und Herrschaft über die Adventivpflanzen* – kann durch Mulchen erzielt werden. Dazu genügt es, Mulch (Stroh oder getrocknetes Gras) nach und nach, je nach Wachstum der Kartoffelpflänzchen, am Boden zu platzieren. Drei Durchgänge im Abstand von etwa zwei Wochen ab dem Aufkeimen genügen, um eine 20 cm dicke Schicht zu erreichen. Diese Technik benötigt etwa gleich viel Zeit wie das traditionelle Häufeln, aber sie ist viel weniger ermüdend und das Leben im Boden wird besser geschützt. Außerdem geht die Ernte leichter und schneller, da sich die Knollen an der Erdoberfläche entwickeln. Es genügt also, den Mulch zu entfernen, um die Kartoffeln zu ernten. Man kann das Häufeln bei Lauch auch umgehen, indem man die Pflanzen beim Umsetzen tief in der Erde verscharrt und auch mulcht, damit ihr weißer Teil länger wird.

Jäten

Darunter versteht man das Abschneiden von Pflanzen direkt über dem Boden mithilfe eines Werkzeugs mit einer Klinge – einer Jäthacke oder einer Hacke. Diese Arbeit gestaltet sich rund um Gemüsepflanzen schwierig und sie ist außerdem unnötig, wenn richtig gemulcht wurde. Auch hier kann man durch Mulchen viel überflüssige Arbeit vermeiden!

Welche Werkzeuge sind die richtigen?

Die Zeit, in der man sein Gartenwerkzeug maßgeschneidert vom örtlichen Schmied bekommen hat, ist längst vorüber! Die Arbeit der Handwerker wurde nach und nach, in den 1950er Jahren, durch genormte Industrieprodukte ersetzt. Die Wahl des Werkzeugs, das dem Boden in unserem Garten und unserem Körperbau am besten entspricht, ist demnach wichtig, da es sehr schwer, wenn nicht unmöglich ist, hier Änderungen vorzunehmen, sobald der Kauf einmal getätigt ist. Den Boden und seine Bewohner zu achten, trägt meist dazu bei, auch den eigenen Rücken zu achten: Kratzen statt Wenden erfordert weniger körperliche Kraft, sofern man das Werkzeug richtig verwendet. Achten Sie auf den Winkel zwischen Klinge und Stiel, vor allem bei Hacken. Dieser Winkel ist oftmals zu spitz, was dazu führt, dass Sie unmögliche Verrenkungen durchführen müssen, um die Hacke in den Boden zu treiben. Daher ist es wenig überraschend, wenn man dann alte Sprüche hört, wie: „Der Boden ist aber weit unten!“

Werkzeuge mit Zinken

Jedes Eindringen von Werkzeug in den Boden ruft ein Trauma bei seinen Bewohnern hervor. Also sollte darauf geachtet werden, dass das Werkzeug, das man benutzt, so wenig störend wie möglich ist. Werkzeuge mit Zinken (Grabegabel, Zinkenhacke) sollten also Werkzeugen mit Klingen (flacher Spaten, Hacke) vorgezogen werden. Sie sind außerdem auch bequemer für den Gärtner, da sie ihm weniger körperliche Kraft abverlangen. Werkzeuge mit Klingen schaden auch der Struktur des Bodens, indem sie sie durch die Kanten ihrer Klinge glätten.

Meine Lieblingswerkzeuge

Unterm Strich verwenden wir immer dieselben Werkzeuge, und zwar jene, an die wir uns im Laufe der Jahre gewöhnt haben, wie an ein gutes altes Paar Schuhe. Glücklicherweise halten Gartenwerkzeuge länger!

Die fünf Werkzeuge, die ich am häufigsten verwende, sind:
- eine Aérabêche,
- eine Zinkenhacke,
- ein Rechen,
- eine kleine Hacke,
- eine Heugabel.

Meine Lieblingswerkzeuge (von links nach rechts): Heugabel, Aérabêche, Zinkenhacke, Rechen.

- **Die Aérabêche** erweist mir treue Dienste, seit ich begonnen habe zu gärtnern, das heißt, seit Beginn der 1980er Jahre. Dieses Werkzeug erlaubt mir, den Boden bis in die Tiefe zu belüften. Die drei Schritte bei ihrer Benutzung sind folgende: ① sie durch Darauftreten in den Boden treiben, ② sie zu sich ziehen, um so die Erde anzuheben, ohne sie dabei zu wenden, ③ sich etwa 20 cm nach hinten bewegen, um dieselben Schritte noch einmal von Anfang an auszuführen.
  Im Laufe der letzten Jahre habe ich versucht, sie weniger oft zu benutzen und stattdessen Samen auszusäen und Pflanzen einzusetzen, ohne den Boden vorher gründlich zu bearbeiten (s. S. 107).

- **Die Zinkenhacke** hilft mir dabei, die Erde nach der Bearbeitung mit der Aérabêche etwas zu verfeinern, Kompost, Asche oder Gründünger oberflächlich zu verscharren oder den Boden aufzukratzen, um nach dem Anbau von Pflanzen, die keine gründliche Bodenbearbeitung benötigen, Samen auszusäen (zum Beispiel die Aussaat von Spinat auf einer Fläche, auf der davor grüne Bohnen angebaut wurden).

- **Der Rechen** ist das unverzichtbare Werkzeug jedes Gärtners. Er dient dazu, dem Saatbett* den letzten Schliff zu verpassen, indem man die Erde in ebenem Boden noch verfeinert und gleichzeitig die groben Bestandteile entfernt, die für das Aufkeimen hinderlich sein könnten (große Klumpen, Pflanzenreste). Den Rechen benutze ich auch, um gejätete Pflanzen und Blätter zusammenzurechen, die ich dann entweder als Mulch verwende oder kompostiere.

- Ich verwende sehr oft **die kleine Handhacke**, um die Kruste zu brechen, die sich bei jungen Sämlingen und Setzlingen bildet. Zusätzlich dazu entferne ich händisch das Unkraut, meist nur ein einziges Mal, bevor ich mulche. Ich verwende sie auch dazu, Mini-Wasserrinnen für die Bewässerung zu graben. Sie hilft mir ebenso dabei, die Erde einer Saatrille für eine Direktaussaat vorzubereiten, beispielsweise direkt vor der Aussaat von Ackerbohnensamen in ein ehemaliges Tomatenbeet (s. S. 107).

- **Die Heugabel** dient dazu, Komposthaufen ungefähr einmal im Monat zu wenden.

Zeitweise verwende ich drei andere Werkzeuge:
- eine Spatengabel, um Lauch oder Wurzelgemüse im Winter zu ernten (Karotten, Pastinaken, Haferwurzeln ...).
- eine etwas größere Hacke als die Handhacke, um den Boden entlang der Gemüsereihen aufzulockern, bevor ich mulche.
- eine kleine Schaufel, um die Pflanzen, die umgesetzt werden sollen, auszugraben (Salate).

Nutzung des Rechens, um Heu zusammenzurechen, welches als Mulch dienen wird.

Möchte man in Zukunft auf die Bodenbearbeitung verzichten, sind Mulch und Kompostgabe unerlässlich.

Weniger Bodenbearbeitung

Angesichts der Zeit und Energie, die die Bodenbearbeitung in Anspruch nimmt, und der Störung, der die edaphischen* Lebewesen dabei ausgesetzt sind, lohnt es sich, sich zu fragen, ob man darauf ganz verzichten oder die Bodenbearbeitung zumindest reduzieren kann, und wenn ja, unter welchen Bedingungen. Die Frage stellt sich hauptsächlich in Bezug auf einjährige Pflanzen, da Dauerkulturen, sobald sie sich gut eingewöhnt haben, in der Regel keine weitere Bodenbearbeitung mehr erfordern. Bäume und Sträucher benötigen unser Eingreifen nicht mehr und passen sich sehr gut an die Wiese an, in der sie stehen.

Mehr Kompost und Mulch

Dies sind die zwei Grundvoraussetzungen, die unbedingt eingehalten werden müssen, um mit weniger oder sogar ganz ohne Bodenbearbeitung auszukommen. Wenn der Gärtner nicht für die Bodenbelüftung sorgt, sind es die Regenwürmer. Diese müssen in großer Zahl vorhanden und aktiv sein. Deshalb muss man sie durch eine dauerhafte Schicht auf dem Boden schützen und mit Nahrung versorgen. Und um die Erde leichter zu machen und so gut wie möglich zu verhindern, dass sie sich verdichtet, ist es unabdingbar, große Mengen an Kompost zuzuführen.

Ein einziges Mal im Jahr den Boden bearbeiten

Bevor Sie sich dazu entschließen, den Boden nirgendwo in Ihrem Gemüsegarten mehr zu bearbeiten, testen Sie diese Methode bei bestimmten Abfolgen von Pflanzen und bemühen Sie sich – wobei Sie den Fruchtwechsel beachten – die Erde nur einmal im Jahr zu bearbeiten.

Anbei zwei einfach umsetzbare Beispiele:

Direktsaat von Ackerbohnen auf Tomaten folgend

Dank dieser Technik können Sie eine Parzelle 14 Monate lang nutzen, ohne den Boden zu bearbeiten.
Der Boden wird dazu im April bearbeitet und verbessert, damit die Tomatenpflanzen bis Ende Oktober Früchte tragen. Ende Oktober entferne ich die Tomatenstiele und ihre Stützstangen und achte darauf, nicht auf die zu bepflanzende Erde zu treten.

Verzicht auf Bodenbearbeitung in der Landwirtschaft

Direktsaat, Nullbodenbearbeitung, konservierende Landwirtschaft: Der Verzicht auf die Bodenbearbeitung in der Landwirtschaft wird immer verbreiteter. Obwohl zahlreiche Studien die positiven Auswirkungen dieser Methoden auf die Bodenlebewesen – und hier vor allem auf die Regenwurmpopulationen – zeigen, hat doch auch diese Medaille ihre Kehrseite: Diese Methode geht die meiste Zeit Hand in Hand mit dem so gut wie flächendeckenden Einsatz von chemischen Unkrautvernichtungsmitteln, wie zum Beispiel Glyphosat …

Ich schiebe den Mulch nur bei den beiden Reihen, wo früher die Tomaten wuchsen, zur Seite (1), und ich säe dort direkt die Ackerbohnensamen[4] aus (2). Der Boden ist ein wenig verdichtet, aber feucht genug. Ein wenig Bearbeitung des Bodens direkt über der Saatrille mit der kleinen Hacke sorgt dafür, dass man die Samen besser in den Boden drücken kann. Die Saat keimt ohne Probleme und die Ackerbohnen können im darauffolgenden Jahr spätestens Ende Juni geerntet werden. Die Parzelle kann so 14 Monate in Folge genutzt werden, ohne dass eine Bodenbearbeitung nötig wäre. Das Mulchen der Tomaten kommt auch den Ackerbohnen zugute, und im Regelfall wird dieser im Frühjahr durch eine neue Schicht getrocknetes Gras ergänzt.

4 Verwenden Sie Saatgut von Winterackerbohnen (bevorzugt deutsches oder österreichisches, da französische Herkünfte weniger kältetolerant sind).

1

2

Direktaussaat von Spinat nach Bohnen

Wird diese Technik angewendet, bleibt es bei einer Bodenbearbeitung einmal pro Jahr. Nach dem Anbau von grünen Bohnen, die ich im Mai ausgesät habe, säe ich den Spinat direkt in dieselbe Saatrille, in der die Bohnen gewachsen sind. Die Bohnenpflanzen habe ich entweder ausgerissen oder ihre Stängel direkt über dem Boden abgeschnitten. Da die Erde der Saatrille der Bohnen nicht festgetrampelt wurde, ist sie weich genug für die Aussaat des Spinats, welche im August oder im September durchgeführt wird. Geerntet kann der Spinat im Herbst und im Winter werden. Die Erde wird erst im darauffolgenden Frühjahr wieder bearbeitet.

Direktaussaat von Spinat, folgend auf den Anbau von Bohnen, deren Stängel noch in der Erde sichtbar sind.

Einen Gemüsegarten anlegen, ohne den Boden zu bearbeiten

Sie legen einen Gemüsegarten an und wollen die Bodenbearbeitung von Anfang an umgehen. Das ist möglich, erfordert aber eine Vorbereitung, die darauf ausgerichtet ist, die vorhandene Pflanzendecke zu entfernen und die Erde krümeliger zu machen. Eine Aussaat direkt in eine Wiese oder eine Brache nützt nicht viel ... Je nach Zustand des Bodens sind zwei oder drei Schritte nötig, die insgesamt sechs bis zwölf Monate in Anspruch nehmen.

Erster Schritt: Abdeckung

Dieser Schritt ist unumgänglich, um die Pflanzen, die bereits auf dem Boden wachsen, zu ersticken: ihre oberirdischen Teile und ihr dichtes Wurzelwerk, vor allem, wenn es sich bei der von Ihnen gewählten Fläche um Wiese handelt. Diese Arbeit kann mehrere Monate dauern und sollte im Herbst begonnen werden, damit im darauffolgenden Frühjahr mit dem Anbau begonnen werden kann. Das Prinzip besteht darin, die Pflanzen so abzudecken, dass diese überhaupt kein Licht mehr bekommen.

Diese Abdeckung kann ausschließlich aus Pflanzenabfällen bestehen, aber hier besteht das Risiko, dass einzelne Pflanzen diese durchdringen. Die wirksamste Methode besteht darin, Kartons zu verwenden (nicht eingefärbt, ohne Klebstoffe und ohne Klammern): Durch diese erreicht man absolute Dunkelheit und sie verrotten langsam während des Winters. Andere Abdeckungen, wie alte Teppiche oder sogar Plastikplanen, können genutzt werden, aber der Nutzen des Kartons liegt darin, dass er wie auch die abgestorbene Wiese und der zugeführte Kompost vollständig vom Boden aufgenommen wird, während alte Teppiche oder Planen entfernt werden müssen.

Vorbereitung eines Beets ohne Bearbeitung des Bodens mit dem Spaten

① Stecken Sie die Fläche der Wiese ab, die Sie vorbereiten wollen.
② Führen Sie der Erde Kompost zu, um sie oberflächlich anzureichern.
③ Platzieren Sie die Kartons so, dass die Pflanzen, die sich auf der Fläche befinden, kein Licht mehr bekommen.
④ Decken Sie alles mit einer dicken Mulchschicht zu (hier: ungesiebter Kompost), um den Karton an Ort und Stelle zu halten.

2

3

4

Zweiter Schritt: Die Regenwürmer arbeiten lassen

Die dort wachsenden Pflanzen abzutöten ist nötig, aber nicht ausreichend. Der Boden muss belüftet werden, damit er Samen und Setzlinge aufnehmen kann. Die Regenwürmer sind es, die den Spaten ersetzen werden, hierbei vor allem anektische Arten. Diese kommen zum Fressen an die Oberfläche, die daher von einer dicken Mulchschicht bedeckt sein sollte. Diese dient dazu, die Regenwürmer zu ernähren. Dieser Mulch kann ebenfalls zur Abdunkelung genutzt werden oder auch dazu, die Kartons zu bedecken, die zur Abdunkelung auf die Erde gelegt wurden. Hierbei handelt es sich übrigens um einen guten Kompromiss, da Sie so die ersten beiden Schritte gleich auf einmal erledigen: Der Karton sorgt dafür, dass die Wiese abstirbt, und der Mulch versorgt die Regenwürmer mit Nahrung (zu Beginn können diese den Karton noch nicht durchdringen, aber sobald er feucht wird, stellt er kein Hindernis mehr für sie dar). Sie können auch zwischen dem Karton und dem Mulch Kompost streuen, was dazu führt, dass sich die Pflanzen dort im darauffolgenden Frühjahr leichter ansiedeln.

Dritter Schritt: Die Wurzeln von Gründüngungspflanzen nutzen

Die Arbeit der Regenwürmer kann sich für die Belüftung eines Bodens, auf dem schon lange nichts angebaut wurde, als unzureichend erweisen. Sie sollte also durch eine bis in die Tiefe reichende Verfeinerung des Bodens, die mithilfe von Gründüngungspflanzen erzielt wird, ergänzt werden. Wählen Sie dazu Sorten mit Pfahlwurzeln, wie Senf, Ölrettich oder Phazelie, oder solche mit Faserwurzeln, die ein beträchtliches Bodenvolumen einnehmen und so dazu beitragen, dass sich sehr viele Makroaggregate bilden (Weidelgras, Hafer, Roggen) (für die Gründüngungspflanzen, die im Garten einsetzbar sind, s. S. 157).
Zusammenfassend kann man sagen, dass der Verzicht auf die Bodenbearbeitung darin besteht, das Umstechen durch die Arbeit der Regenwürmer und eventuell auch durch jene der Wurzeln der Gründüngungspflanzen zu ersetzen. Die vom Gärtner getätigten Eingriffe beschränken sich darauf, die bereits an einem Ort wachsenden Pflanzen zu ersticken, die Regenwürmer zu füttern und Gründüngungspflanzen zu säen.

Hügelbeete

Eine andere Methode, einen Garten anzulegen, ohne die Erde umzustechen, ist, Hügelbeete aufzuschütten. Das Prinzip besteht darin, ein geeignetes Substrat auf dem bereits bestehenden Boden zu schaffen, das nährstoffreicher und besser belüftet ist als dieser. Die einzelnen Gemüsesorten können auf diesem Erdhügel nacheinander gezogen werden, ganz ohne Bodenbearbeitung. Der Vorteil dieser Methode liegt darin, dass man so Gemüsegärten selbst auf kargen Böden anlegen kann. Sie erfordert jedoch zu Beginn viel Handarbeit und viele Pflanzenabfälle (gehäckseltes Stroh, totes Laub, Kompost ...). Hügelbeete bestehen aus mehreren Schichten, die, je nach Stadium der Zersetzung durch Bodenflora und -fauna, regelmäßig erneuert werden müssen. Sie haben bestimmte Vorteile: Der Gärtner ist näher an der Bodenoberfläche, die Erde wärmt sich auf den unbedeckten, der Sonne ausgesetzten Seiten schneller auf und die Entwässerung ist einfacher. In trockenem und windigem Klima kann der letztgenannte Vorteil jedoch schnell zum Nachteil werden, da die Erde in Hügelbeeten viel schneller austrocknet als in ebenerdigen Beeten.

Den Boden anreichern

Bebauter Boden, dem kein Dünger zugeführt wird, wird früher oder später karg werden. Ihn zu bearbeiten wird immer schwieriger und die Pflanzen wachsen dort schlechter, was zwei Hauptursachen hat:

- Die Mikroorganismen im Boden, die verantwortlich für die krümelige Struktur sind (S. 23), müssen regelmäßig mit Nahrung versorgt werden. Andernfalls verdichtet sich der Boden nach und nach und die Luftzirkulation wird erschwert.
- Die Pflanzen entziehen dem Boden Minerale, die sie benötigen, um zu wachsen, und laugen den Boden aus. Also ist es wichtig, dem Boden durch regelmäßiges Düngen Nährstoffe zuzuführen.

Gründünger, Kompost, fragmentiertes Zweigholz, Mist … Wie findet man sich hier zurecht?

Es gibt verschiedene Substanzen, die Ihren Boden bereichern können: feste, mehr oder weniger feuchte, tierische, pflanzliche, mineralische, kostenlose oder solche, für die man bezahlen muss … Wie behält man da den Überblick? Welche Substanzen sollte man wählen?

Komplementarität der Zusätze

Bevor wir uns im Detail mit den Eigenschaften jeder einzelnen Substanz, die Sie in Ihrem Garten verteilen können, befassen, zuerst einmal ein bisschen etwas über Diätetik … Was Ernährungswissenschaftler den Menschen empfehlen, ist auf die Nährstoffversorgung des Bodens genauso anwendbar, und zwar: eine Ernährung, die so abwechslungsreich ist wie möglich. Genauso wie unser Darm beheimatet die Erde in unserem Garten Milliarden von Bakterien, die dazu in der Lage sind, nach und nach alles zu verdauen, was man der Erde zuführt, sofern dies nicht im Überfluss geschieht. Um die verschiedenen Bedürfnisse des Bodens und der Pflanzen, die wir anbauen, zu befriedigen, ist es also wichtig, auf die Komplementarität der Dünger zu setzen, anstatt uns auf eine bestimmte Technik zu beschränken, selbst wenn diese gerade in Mode sein sollte!

Den Boden oder die Pflanzen ernähren?

Das ist die erste Frage, die man sich stellen muss. Bestimmte Produkte sind nämlich eher dazu gedacht, den Boden zu ernähren, und andere dazu, die Pflanzen zu ernähren. Indem man den Boden ernährt, unterstützt man natürlich indirekt die Pflanzen beim Wachstum, da, wie wir be-

reits im ersten Teil detailliert ausgeführt haben, Sauerstoffmangel der einschränkende Faktor Nr. 1 für das Wurzelwachstum ist.
Da die Mikroorganismen diejenigen sind, die dazu beitragen, den Boden zu belüften (s. S. 56), unterstützt man, indem man diese ernährt, auch die Entwicklung der Pflanzen. Die Wahl der „Nahrungsmittel" hängt natürlich von der Beschaffenheit und vor allem Textur der Erde ab: Ein sehr sandiger Boden zum Beispiel muss angereichert werden, damit er Wasser besser speichert. Er braucht also einen sehr reifen Kompost.
„Nahrungsmittel" für die Pflanzen sind zum Beispiel Holzasche, die pflanzenverfügbare Mineralstoffe enthält, wie Kalium. Bestimmte organische Dünger oder Jauchen versorgen den Boden schnell mit Stickstoff, da sie schnell abgebaut werden. Sie tragen also direkt zur Ernährung der Pflanzen bei.
Ihre größte Sorge sollte jedoch sein, den Boden zu ernähren, da dies bei weitem ausreichend ist, um eine richtige Entwicklung der meisten Gartenpflanzen sicherzustellen. Letztere zu ernähren, sollte nur eine Rolle spielen bei Pflanzen mit besonders großem Nahrungsbedarf oder bei solchen mit speziellen Bedürfnissen.

Auf S. 160 finden Sie eine Zusammenfassung der Dünger und Bodenverbesserungsmittel.

Überschüsse vermeiden

Bei den Produkten, die bestimmte Stoffe in konzentrierter Form enthalten und die dazu gedacht sind, die Pflanzen direkt zu ernähren, sind Überschüsse möglich: bei Kalium in Asche, Stickstoff in organischem Dünger, bestimmten Flüssigprodukten oder Mist. Hier finden Sie Mengenangaben, die Sie nicht überschreiten sollten, um Überschüsse zu vermeiden. Selbstgemachter Kompost ist sehr flexibel in der Verwendung, da er, selbst wenn er in großen Mengen verwendet wird, zu keinem Überschuss führt: Die Minerale, die er enthält, sind nicht direkt pflanzenverfügbar, sondern erst, nachdem der Boden den Kompost zersetzt hat.

Wie und wann düngen?

Bestimmte Vorsichtsmaßnahmen sind produktabhängig, einige Grundregeln gelten aber für alle Dünger:

Niemals tief verscharren

Die erste Vorsichtsmaßnahme besteht darin, den Dünger niemals tief zu verscharren. Die Pflanzenwurzeln müssen nämlich schnellen Zugang zu den zugeführten Mineralstoffen haben. Letztere müssen also in Oberflächennähe verfügbar sein. Aber vor allem ist es der Sauerstoff, den der organische Dünger benötigt, um im Boden zersetzt zu werden. Wird das Material tief vergraben, verbraucht es den wenigen Sauerstoff, der dort vorhanden ist. Die anaeroben Bakterien übernehmen die weitere Zersetzung und setzen Moleküle frei, die für die Wurzeln giftig sind. Dieser Fehler wird oft in der Landwirtschaft gemacht, nämlich dann, wenn der Mist von den Pflügen vergraben wird, vor allem in sehr tonigen Böden, in denen die Luft nicht zirkuliert.

Verluste begrenzen

Umgekehrt ist es zu empfehlen, den Dünger ein wenig zu verscharren, um den Großteil der zugeführten Substanz zu erhalten. Bestimmte Produkte gehen sogar zum Teil verloren, wenn sie an der Oberfläche bleiben. Dies ist zum Beispiel bei Stickstoff der Fall, der teilweise in Form von Ammoniak in die Atmosphäre gelangt (s. Kasten S. 116). Verluste können auch auftreten, indem der ausgebrachte Dünger weggeschwemmt wird, wenn es nach der Gabe heftig regnet. Das oberflächliche Verscharren kann umgangen werden, wenn das Produkt mit Mulch bedeckt wird. Dabei handelt es sich übrigens um eine sehr gute Lösung, da die Regenwürmer die Strohhalme nach und nach in die Erde ziehen. Diese langsame Einverleibung durch die Regenwürmer sorgt für eine bessere Zersetzung der Substanzen, die dem Boden zugeführt werden, und kann mit dem Kauen verglichen werden, das uns bei der Verdauung hilft.

Die Menge anpassen

Um die Verluste zu minimieren und zugleich die Aufnahme von zu großen Mengen durch die Pflanzen zu verhindern, ist es schließlich wichtig, die zugeführte Menge dem Mineralstoffgehalt des Produkts anzupassen. Das Entweichen von Stickstoff geschieht nicht nur in die Atmosphäre in Form von Ammoniak (s. Kasten S. 116). Sind nun die Bedingungen für solches Entweichen nicht in ausreichendem Maße gegeben, riskiert man eine überschüssige Aufnahme durch die Pflanzen, denn diese sind nicht besser dran als wir, wenn es um Exzesse geht, und sie verhalten sich ähnlich wie wir bei Zucker oder Fett … Üppigen Verbrauch gibt es auch unter Pflanzen. Auch Ungleichgewichte im Boden sind möglich, etwa wenn zu viel Asche zugeführt wird.

Gehen wir nun die verschiedenen organischen Substanzen durch, die die Erde in unserem Garten bereichern können. Hierbei schlagen wir Ihnen eine logische Anordnung im Zusammenhang mit dem Begriff des lebendigen Bodens vor. Folglich beginnen wir mit Mulch, da dieser unverzichtbar ist, um die Bodenoberfläche zu schützen, und die in der Natur vorhandene Streu im Garten nachbildet. Darauf folgen Gründünger, da sie zur Bildung von unterirdischer Streu beitragen und gleichzeitig den Boden bis in die Tiefe bearbeiten. Die eigentlichen Zusätze folgen, beginnend mit selbstgemachtem Kompost, dem am öftesten verwendeten Mittel. Danach werden die von außen kommenden Quellen besprochen: Kompost aus Grünabfällen, fragmentiertes Zweigholz, Mist … Dabei vergessen wir aber nicht auf die in Einzelfällen verwendbaren Zusätze: organischer Dünger, Holzasche, pflanzliche Produkte, Mineraldünger.

Größenordnung von verschiedenen Substanzen pro m^2: eine kleine Schaufel Asche, eine mittelgroße Schaufel Hühnermist, eine große Schaufel Kompost.

Stickstoffverluste

Ist der Boden zu trocken oder, im Gegenteil, zu feucht, kann es zu Stickstoffverlusten kommen, was weder für den Garten gut ist, da Stickstoff ein wichtiges Element für die Pflanzen ist, noch für die Umwelt, da bestimmte Stickstoffformen giftig sind, entweder in der Luft (Distickstoffoxid) oder im Wasser (Nitrat). Ist der Boden an der Oberfläche trocken (vor allem, wenn nicht gemulcht wird), kann es zur Verflüchtigung von Ammoniak kommen, vor allem wenn dem Boden ammoniakreiche Produkte zugeführt und schlecht eingearbeitet wurden (Hühnermist, organischer Dünger, der reich an Stickstoff ist). Diese Verluste sind höher, wenn der pH-Wert des Bodens höher oder das Wetter warm und sonnig ist. Diese Verluste können auch vorkommen, wenn der Boden mit Wasser getränkt ist. In diesem Fall geschehen sie in Form von Distickstoffoxid (N_2O) oder in Form von molekularem Stickstoff (N_2). Distickstoffoxid ist ein potentes Treibhausgas. Bestimmte Bakterienpopulationen sind für seine Freisetzung verantwortlich, wenn die Bedingungen für die Bodenbelüftung nicht mehr erfüllt sind. Schließlich kommt es bei Wasserüberschuss, wenn dieses durch Entwässerung in tiefe Schichten gelangt, dazu, dass Nitrat ausgelaugt* wird. In einer Tiefe von mehr als 1 m ist es dann für die Wurzeln von einjährigen Pflanzen nicht mehr erreichbar und kann ins Grundwasser gelangen. Idealerweise sollte der Boden weder zu trocken noch von Wasser durchtränkt sein, um Stickstoffverluste zu vermeiden.

Mulche

Wenn Sie Ihren gesamten Garten richtig mulchen, schützen Sie nicht nur die Bodenlebewesen effektiv, sondern Sie füttern auch viele von ihnen. Außerdem müssen Sie dieses Material, das Sie in Form von Mulch zugeführt haben, nicht mehr anders zuführen. Bevor wir uns im Detail ansehen, wie Mulche die Bodenlebewesen schützen und ihnen Nahrung bieten, vergegenwärtigen wir uns die Hauptvorteile.

Die Vorzüge des Mulchens

Mulchen ist eine der grundlegenden Methoden im Biogartenbau.

Hier seine Hauptvorteile:

- Mulch wirkt der Verdunstung von Wasser an der Oberfläche (Evaporation) entgegen und hilft so, etwa die Hälfte des Wassers, das ansonsten im Sommer zur Bewässerung benötigt würde, zu sparen.
- Mulch hindert unerwünschte Pflanzen daran, zu keimen, da er ihnen das Licht wegnimmt. Unkrautjäten wird so überflüssig.
- Er hält die Umgebung von Gemüsepflanzen trockener und behindert die Vermehrung von Sporen pathogener Pilze, was die Ausbreitung von Krankheiten wie dem Falschen Mehltau bremst.
- Er schafft ein Ökosystem, das Nützlinge begünstigt, und macht so bestimmte Schädlinge weniger gefährlich.
- Fruchtgemüse (Gurke, Zucchini, Erdbeere ...) auf dem Mulch bleibt sauber, da es nicht von Erde beschmutzt wird, was Fäulnis vorbeugt.
- Mulch verhindert Überhitzung, indem er für den Erhalt einer milden Temperatur und konstanten Feuchtigkeit in Oberflächennähe sorgt, was die Mikroorganismen im Boden begünstigt.
- Er bietet Regenwürmern Nahrung.

Der Mulch macht es möglich, dass eine Blindschleiche sich mitten im Gemüsegarten aufhält, was Schnecken und Nacktschnecken fernhält.

Mulchen und die Bodenlebewesen

Die Oberfläche eines unbedeckten Bodens ist das ganze Jahr über verschiedenen schädlichen Einflüssen ausgesetzt, die ihn direkt (Verlust von Erde bei starkem Regen) oder indirekt (durch eine Störung des unterirdischen Lebens oder des Pflanzenwachstums) beeinträchtigen. Mulchen ist ein effektives Mittel, um die Bodenoberfläche vor Regen, Hitze und, in geringerem Maße, vor Frost zu schützen.

Schutz vor Regen

Jeder Boden ist anfällig für Erosion, das bedeutet, für den Verlust von Partikeln, die von seiner Oberfläche durch den Regen losgerissen werden. Erosion stellt eine der größten Bedrohungen für Böden dar, da es zu einem unwiederbringlichen Verlust an Boden – und meist seinen reichhaltigsten Teilen – kommt. Sie ist besonders spektakulär nach Waldabholzungen, vor allem in den Tropen oder in Gebieten am Äquator, aber sie findet überall auf der Welt statt. Jedes Jahr werden Millionen Tonnen landwirtschaftliche Anbaufläche ins Meer gespült. Auf der Ebene kleiner Gärten sind die verlorenen Mengen zwar generell geringer, aber das Risiko besteht auch dort, also versuchen wir es – jeder, soweit er kann – gering zu halten.

Mulchen dient dazu, die Bodenverdichtung und den Oberflächenabfluss zu verhindern oder stark zu verlangsamen. Damit die Mulchschicht und die darunterliegende Erde fortgeschwemmt werden, muss der Regen ausnehmend heftig ausfallen und die Hangneigung stark sein. In den meisten Fällen schränkt Mulchen die Erosion stark ein, vorausgesetzt, die Mulchschicht besteht dauerhaft und ist dick genug. Denken Sie daran, auch die Wege zu mulchen, damit sie sich nicht in Wasserabflüsse verwandeln, wenn es stark regnet. Treffen Sie Sicherheitsvorkehrungen, selbst wenn Ihr Grund eben scheint. Das Risiko von Oberflächenabfluss steigt mit der Hangneigung, aber kommt auch auf praktisch ebenen Flächen vor, vor allem auf schluffigem Boden.

Schutz vor Hitze

Es gibt Bakterien, die selbst an extreme Bedingungen angepasst sind: Bestimmte leben in den Polregionen, andere hingegen in heißen Quellen. Im Boden jedoch sind jene Bakterien, die für den Gärtner nützlich sind, zum Großteil „mesophil", das bedeutet, sie entwickeln sich bei Temperaturen zwischen 20 und 40 °C am besten. Im Sommer arbeiten sie demnach unter einer dicken Mulchschicht effizienter, da in der obersten Schicht von unbedecktem Boden die Temperatur im Sommer bei direkter Sonneneinstrahlung bis zu 50 °C erreichen kann. Der zweite große Vorteil des Mulchens besteht darin, dass der Boden so im richtigen Maße feucht gehalten wird, und das auch in den oberflächlichen Schichten. Diese Feuchtigkeit wirkt sich natürlich positiv auf die Wasserversorgung der Pflanzen aus, aber sie ist auch für die Aktivität der Bakterien sehr wichtig: Sie brauchen eine feuchte Umgebung, damit die Enzyme, die sie durch ihre Zellwand nach außen schicken, die großen Moleküle, wie etwa Zellulose, zerkleinern können. In trockener Umgebung kann diese Verdauung nicht stattfinden. Mit der Inaktivität der Bakterien verabschieden sich auch die Gefügestabilität und die Mineralisation der organischen Substanz ... Ist der Boden trocken, können Sie so viel Mist, Kompost oder jeden anderen organischen Dünger zuführen, wie Sie wollen, die Mineralisation bleibt unmöglich. Auch Mykorrhizen entwickeln sich viel besser unter einer Mulchschicht. In der Natur findet man sie in sehr großer Zahl unter der Streu in den Wäldern in unserer gemäßigten Klimazone. Bleibt die Erde dank dem Mulchen bis hinauf an die Oberfläche feucht, entsteht ein größeres Netz aus Mykorrhizen, das so in der Lage ist, die Gemüsepflanzen, die ein Teil davon sind, effizienter zu ernähren. Da ein von Mulch bedecktes Grundstück außerdem nicht mehr umgestochen wird, bleibt das Netzwerk an Filamenten dauerhaft intakt, während es bei jedem Mal Umgraben zerstört wird.

Die Zersetzung des Mulchs

Im Ökosystem Garten empfindet der Mulch die Streu aus Laub nach, die wir aus dem Wald kennen. Sie haben diese Streu sicher schon beiseitegeschoben und darunter eine wunderschöne schwarze, deutlich nach Humus riechende, fruchtbare Erde entdeckt. Das Laub hat diese fruchtbare Erde mithilfe aller Tiere, die im ersten Teil dieses Buchs beschrieben wurden, „erzeugt". Auch wenn das Ökosystem Ihres Gartens zweifelsohne weniger reich ist als jenes im Wald, beherbergt es doch jene Destruenten, die nötig sind, um den Mulch zu verdauen. Alles hängt von dem pflanzlichen Material ab, das Sie verwenden: Je zarter und je eher es aus der Umgebung ist (Blätter von den Bäumen aus Ihrer Region, trockenes Laub, Stroh), desto schneller und einfacher wird es von den Destruenten in Ihrem Boden zersetzt. Natürlich ist es das Ziel des Mulchens, möglichst langlebige Materialien auszuwählen und daher wäre es wünschenswert, wenn die Destruenten ihre Aktivität einschränken würden. Jedoch kann

Ein für Regenwürmer nahrhafter Mulch wird ausgebracht.

Das Nonplusultra für Würmer: lange, frische Grashalme.

man seine Destruenten auch wissentlich füttern, und besonders den König der Destruenten: den Regenwurm. Sehen wir uns an, wie man das machen kann.

Wollen Sie die Regenwürmer im Garten behalten, füttern Sie sie!

Ist die Erde in Ihrem Garten komplett unbedeckt, werden sich Ihre Regenwürmer woanders hinbegeben und das war's mit der natürlichen Belüftung Ihres Bodens. Dies bewirken nämlich die Würmer mit ihren vertikalen Gängen, die sie graben, wenn sie zum Fressen an die Oberfläche kommen. Diese sind wahre Goldgruben für die anderen Bodenlebewesen und die Pflanzenwurzeln. Tatsächlich kann der Sauerstoff dank den Gängen tief in den Boden gelangen und das Kohlendioxid kann entweichen. Die Gänge erlauben es ebenfalls, das überschüssige Wasser nach einem starken Regen abrinnen zu lassen. Erinnern wir uns an den anderen Vorteil der Regenwürmer: Sie hinterlassen auf ihrem Weg genauso wie die Bauchfüßler Substanzen (Schleim und Exkremente, also Wurmhumus), die ihnen erlauben, einfach durch den Boden zu gleiten, und diese stellen für die Pflanzen nützliche Nährstoffe dar.

Frühjahr und Herbst sind die beiden Jahreszeiten, die den Regenwürmern die besten klimatischen Bedingungen bieten. Es ist weder zu heiß noch zu kalt, und sie vermehren sich und legen Reserven für ihre Ruheperioden (Winter und Sommer) an. Anders als andere Bodenlebewesen, wie bestimmte Insekten, haben Würmer keine Kiefer und keine Zähne, mithilfe derer sie die Nahrung zerkleinern könnten, bevor sie sie aufnehmen. Sie holen sich also Hilfe von den Bakterien und den Pilzen im Boden. Diese verdauen die Pflanzenabfälle vor und der Regenwurm hat nichts mehr zu tun, als sie in seinem Gang einzugraben. Gut versteckt und unter guten Luft- und Feuchtigkeitsbedingungen weichen die Bakterien und die Pilze die Pflanzen-

Im Herbst platzierter Mulch bietet den Regenwürmern Nahrung vor dem Winterschlaf.

abfälle auf und, sobald der Regenwurm sie als weich genug empfindet, schluckt er alles. Damit die Vorbereitung seiner Nahrung nicht zu lange dauert, sucht sich der Regenwurm daher vorrangig lange und zarte Pflanzen aus. Am Ende der Saison nimmt der Regenwurm, mangels besserer Alternativen, auch gerne etwas aufgeweichte Strohhalme zu sich. Im Frühjahr liebt er frisch geschnittenes Gras.

Der Mulch ernährt so regelmäßig die Bodenfauna. Deshalb tut man gut daran, den Mulch so lange wie möglich am Boden zu belassen, auf die Gefahr hin, dass man direkt nach der Ernte einer Kultur durch den Mulch neue Samen aussät (s. das Beispiel der Ackerbohnen, die auf Tomaten folgen, S. 107). Kompostieren müssen Sie die Pflanzenreste nur, wenn eine Kultur von einer kryptogamischen Krankheit*, wie die Kartoffel von Falschem Mehltau oder ein Kürbisgewächs von Echtem Mehltau, befallen wurde.

Stroh, das in zwei Regenwurmgängen verscharrt wurde.

Gründünger

Gründüngung geschieht mit Pflanzen, die angebaut werden, um den Boden zu verbessern. Wie ihr Name schon andeutet, werden diese Pflanzen abgemäht und an Ort und Stelle eingegraben, wo sie als Dünger wirken und die Bodenlebewesen stimulieren. Sie haben eine ergänzende Wirkung zu jener des Komposts. Letzterer reichert den Boden mit Humus an, während die Gründünger die Gefügestabilität des Bodens sehr schnell verbessern. Das geschieht, indem sie den Bakterien Nahrung bieten, die den Kleber erzeugen, der die feinsten Mineralteilchen aneinanderklebt (s. S. 56). Die Regenwurmpopulation wird ebenfalls durch das oberflächliche Verscharren der Pflanzen stimuliert, was durch die neu entstehenden Gänge wiederum zu einer starken Steigerung der Makroporosität des Bodens führt.

Die vielen Vorteile von Gründüngern

Die Vorteile des Gründüngers sind zahlreich und gehen über die Stimulierung der Bodenlebewesen hinaus:

- Sie bedecken den Boden zwischen dem Anbau von zwei Pflanzenkulturen und verhindern so, dass Unkraut sich ansiedelt.
- Dank ihrem bodendeckenden Wuchs wirken sie gegen Erosion, vor allem auf abschüssigen Flächen und bei schluffigen Böden.
- Pflanzen der Familie der Hülsenfruchtgewächse sorgen für Stickstoffzufuhr im Boden.
- Pflanzen mit tiefen Wurzeln, Poaceae (Süßgräser) oder Kreuzblütler, befördern Mineralstoffe aus der Tiefe nach oben. Diese werden dann bei der Zersetzung der Gründüngungspflanzen an der Oberfläche freigesetzt.

Die Wurzeln von Gründüngungspflanzen, hier jene aus der Familie der Poaceae, verbessern die Struktur des Bodens, indem sie die Bodenteilchen fein trennen.

- Die Wurzeln der Gründüngungspflanzen verbessern die Bodenstruktur, indem sie die Bodenteilchen fein trennen (s. Foto auf S. 122).
- Beim Verscharren der oberirdischen Teile führt die stark angestiegene biologische Bodenaktivität zur Verbesserung der Gefügestabilität und damit der Belüftung des Bodens.
- Dank ihren Blüten sind die Gründüngungspflanzen (Phazelie, Buchweizen, Senf) auch unverzichtbare Nahrungsquellen für Nützlinge.

Im Frühjahr

Buchweizen, Phazelie, Senf ... können ab den ersten schönen Frühlingstagen ausgesät werden, je nach Klima zwischen Anfang und Ende März. Sechs bis acht Wochen später, im Mai, werden sie dann abgemäht und verscharrt. Senf darf nur verwendet werden, wenn drei bis vier Jahre zwischen ihm und den anderen Kreuzblütlern im Garten liegen, da er denselben Schädlingen zum Opfer fällt (Erdfloh, Großer Kohlweißling).

Buchweizensamen

Luzernensamen

Saat-Esparsetten-Samen

Wickensamen

Phazeliensamen

Gerstensamen

Die Phazelie bereichert nicht nur den Boden, sondern ist auch eine sehr nektarreiche Gründüngungspflanze.

Die Frühlings-Gründüngungspflanzen können vor dem Einsetzen des Kohls oder Lauchs ausgesät werden, was selbst in kühlen Klimazonen genug Zeit für ihren Anbau lässt. Sie können auch vor Nachtschattengewächsen (Aubergine, Paprika, Tomate) oder Kürbisgewächsen (Kürbis, Zucchini), die in den meisten Regionen nicht vor Mai in die Erde gesetzt werden, angebaut werden.

Im Herbst

Phazelie, Senf, Mischungen aus Wicke und Hafer ... Diese können auf – früh genug im Frühjahr gesetzte – Sommerpflanzen folgen: Bohnen, Mais, Zucchini. Je nach Klima kann es noch im November möglich sein, nach dem Einarbeiten der Herbst-Gründüngungspflanzen folgende Pflanzen zu setzen oder zu säen: Ackerbohne, Erbse, Knoblauch, Schalotte, Zwiebel. Ansonsten bleiben sie den ganzen Winter über an Ort und Stelle, um die Bodenoberfläche zu schützen, und werden zu Frühlingsbeginn verscharrt. Bevor man sie verscharrt, und sofern sie während des Winters nicht eingefroren sind, ist es notwendig, sie abzuschneiden und einige Tage an Ort und Stelle trocknen zu lassen.

Die bedeutendsten Dünger werden in der Tabelle auf S. 157 vorgestellt.

Junge Ackerbohnen (unten links) in einem Gründünger aus Buchweizen im November. Der Buchweizen wird in einigen Tagen einfrieren und den Boden rund um die Ackerbohnen zudecken, die so besser vor Frost geschützt sind.

Selbstgemachter Kompost, die Grundlage der Zusätze, die dazu dient, den Humusgehalt aufrechtzuerhalten und die Pflanzen zu ernähren.

Selbstgemachter Kompost

Kompost ist die Grundlage aller organischen Düngemittel im Garten. Der Nutzen von Kompost liegt darin, dass er sehr flexibel in seiner Anwendung ist. Er beinhaltet wenige Mineralstoffe, weswegen er allen Pflanzen zugeführt werden kann, ohne dass ein Risiko der Übersättigung besteht. Seine Hauptfunktion besteht darin, den Boden anzureichern, und nicht, die Bedürfnisse der Pflanzen zu befriedigen. Kompostzufuhr stellt ein exzellentes Mittel dar, die Erneuerung des Humusvorrats sicherzustellen, da während des Kompostierens humusreiche Substanzen entstehen. Sofern Sie keine Hühner oder Kaninchen zu Hause haben, kann Ihnen der Kompost auch zum Recyceln von organischen Küchenabfällen dienen.

Wie geht man am besten vor?

Erinnern wir uns, ohne ins Detail zu gehen, an die beiden wichtigsten, einfachen, Methoden zur Kompostierung von Küchen- und Gartenabfällen:

Heißkompost-Methode

Damit bei dieser Art der Kompostierung von Beginn an alles gut läuft, sollten Sie einige Zentimeter dicke Schichten aus Pflanzenmaterial (auf etwa 1 m²) anlegen: Verwenden Sie dabei abwechselnd trockenes Pflanzenmaterial (Stroh, getrocknetes Gras), welches für die Kohlenstoffzufuhr und eine gute Belüftung des Haufens sorgt, und grüne Pflanzen (Rasenschnitt, Küchen- oder Gemüseabfälle), die für die Stickstoffzufuhr und eine gewisse Feuchtigkeit sorgen. Eine halbe Gießkanne voll Wasser nach jeder Schicht ist jedoch notwendig, um eine ausreichende Befeuchtung des Haufens zu erreichen. Die Temperatur steigt grundsätzlich sehr schnell: Nach ein oder zwei Tagen erreicht sie 50 °C (beim Empfinden dieser Temperatur zieht man unwillkürlich die Hand zurück). Nach einigen Wochen verdichtet sich der Haufen und kühlt ab, da nicht mehr genügend Luft vorhanden ist. Nach dem Wenden – welches man am einfachsten durchführt, indem man ihn mit einer Heugabel zur Seite bewegt und ihn währenddessen, wenn nötig, noch einmal befeuchtet – beginnt er erneut, sich zu erwärmen. Der Zweck der Heißkompost-Methode ist es, Unkrautsamen und Keime für Pflanzenkrankheiten zu zerstören.

Im Herbst nicht zu viel säubern

Kompost selbst machen bedeutet nicht „alles wegzuschneiden, was hervorragt“, um so viele Abfälle wie möglich kompostieren zu können. Vor allem im Herbst ist es nötig, hier und dort Abfälle übrig zu lassen, die zahlreichen Nützlingen im Winter als Unterschlupf dienen: Florfliegen, Spinnen, Eidechsen, Kröten, Spitzmäusen, Igeln … Ein Teil der Überreste der Ernte kann dazu genutzt werden, aber auch Lianen, hohes Gras und Sträucher rund um den Garten. Wollen Sie einen Platz zum Zerkleinern anlegen, warten Sie damit, bis die letzten Blüten verblüht sind, da diese eine große Rolle bei der Ernährung der Insekten spielen, bevor der karge Winter hereinbricht.

Kaltkompost

Im Gegensatz zur Heißkompost-Methode besteht diese Methode darin, die Kompostwürmer (auch Mistwürmer oder Stinkwürmer genannt) ihre Arbeit machen zu lassen: Es handelt sich um epigäische Regenwürmer, die in der Natur an der Bodenoberfläche, vor allem in der Streu im Wald, leben. Die Mikroorganismen im Verdauungstrakt dieser Würmer verarbeiten die organischen Abfälle. Der Kompost, der so entsteht, wird als „Wurmkompost“

Warten Sie, bis der Efeu verblüht ist, bevor Sie ihn abschneiden und kompostieren.

bezeichnet und ist sehr fein. Diese Art der Kompostierung ist an Küchenabfälle angepasst, die von den Würmern nach und nach verdaut werden, je nach täglicher oder wöchentlicher Zufuhr.
Die Belüftung wird durch die Bewegung der Würmer im Inneren des Haufens sichergestellt. Man sollte lediglich darauf achten, während heißer und trockener Perioden Wasser zuzuführen, wenn die Abfälle zu trocken sind, da die Würmer Feuchtigkeit brauchen (im Sommer eine Gießkanne voll pro Woche). Sobald der Kompost gebrauchsfertig ist, besteht die beste Methode, um die Würmer herauszubekommen, darin, einen neuen Komposthaufen neben dem alten anzulegen: Die Würmer werden den neuen Haufen, der reich an Materialien ist, die sie zersetzen können, von sich aus aufsuchen. Im alten Haufen befinden sich dann als einzige Spur der Würmer ihre Exkremente, und dieser ist gebrauchsfertig.

Schalen aus der Küche sind ideal für Wurmkompost.

Erfolgreich kompostieren

Der Schlüssel zum Erfolg Ihres Kompostvorhabens liegt in der Einhaltung folgender drei Regeln:

- **Vermischen Sie so vielfältige Zutaten wie möglich und achten Sie auf das Gleichgewicht zwischen feuchten und stickstoffreichen Zutaten (Schalen, Rasenschnitt …) und anderen trockeneren und holzigeren Zutaten, die reich an Kohlenstoff sind (totes Laub, Stroh, gemahlene Zweige von Sträuchern).**
- **Sorgen Sie für ausreichende, aber nicht übertriebene Feuchtigkeit, vor allem zu Beginn.**
- **Sorgen Sie für eine gute Durchlüftung und kurbeln Sie die Zersetzung erneut an, indem Sie den Kompost in monatlichen Abständen zwei bis drei Mal wenden.**

Gießen Sie den Kompost, sobald er sich verdichtet.

Mehrere Haufen

Mehrere Haufen, die zu Kompost werden, erlauben es, zu jeder Zeit Kompost zu haben, der gebrauchsfertig ist. Anstatt einem einzigen Haufen Pflanzenabfälle zuzuführen, ist es vorzuziehen, einen neuen Haufen daneben anzulegen und den ersten sich bis zu seinem Schlussstadium entwickeln zu lassen. Diese Vorgehensweise erlaubt auch den epigäischen Würmern, sich von einem Komposthaufen zum nächsten zu bewegen, wenn der erste nicht mehr über genügend frische Abfälle verfügt, die sie fressen können. Sobald der ältere Komposthaufen gebrauchsfertig ist, kann er gesiebt werden, um die gröberen Bestandteile (Äste, Kohlstrünke etc.) auszusortieren, welche dann einem neueren Haufen hinzugefügt werden.

Kompost aus Trockentoiletten

Das Prinzip von Trockentoiletten, auch Komposttoiletten genannt, besteht darin, Exkremente und Urin nach jeder Benutzung mit trockenem pflanzlichen Material zuzudecken. Dies neutralisiert Gerüche und nimmt Feuchtigkeit auf. Die für diese Streu verwendeten pflanzlichen Materialien sind sehr vielfältig: Holzschnitzel, Sägemehl, Stroh, totes Laub ... Die so entstehende Mischung wird anschließend mehrere Monate lang kompostiert, was einer längeren Dauer entspricht als für Kompost aus pflanzlichen Hausabfällen, da hier eine bessere Entwässerung sichergestellt werden muss (12 bis 18 Monate). Die Belüftung des Haufens ist sehr wichtig, da der Sauerstoff die vollständige Abtötung der in den Fäkalien vorhandenen Keime und Parasiten bewirkt. Kompost aus Trockentoiletten kann im Gemüsegarten verwendet werden und stellt außerdem die beste Möglichkeit dar, den Kreislauf der Elemente zu schließen. Tatsächlich führen wir, indem wir unsere eigenen Ausscheidungen nicht recyceln, indirekt zahlreiche Bestandteile, die aus unserem Verzehr von Obst und Gemüse aus dem Garten herrühren – hier vor allem Stickstoff und Phosphor – und die schlussendlich in den Kläranlagen landen, aus und müssen diese auf anderen Wegen wieder in unseren Garten bringen.

Wann sollte Kompost ausgebracht werden?

Selbstgemachter Kompost kann ganzjährig ausgebracht werden. Es ist jedoch praktischer, ihn vor und während jeder Aussaat oder dem Einsetzen von Pflanzen zuzuführen als während des Heranwachsens des Gemüses. Hat man nicht genug Kompost, sollte man ihn eher den Pflanzen mit hohem Bedarf (Kürbisgewächse, Nachtschattengewächse, Kohl ...) zuführen und nicht den kurzlebigen und anspruchslosen Pflanzen (Radieschen) oder Hülsenfrüchten (Ackerbohnen, Erbsen, Bohnen).

In welchen Mengen?

Die Mengen sind den Bedürfnissen der Pflanzen anzupassen. Man unterscheidet drei Kategorien von Bedarfshöhe (s. Tabelle S. 157). Für die Pflanzen mit dem höchsten Bedarf genügen 5 kg pro m^2, 3 kg für jene mit mittlerem Bedarf und kein Kompost für jene mit niedrigem Bedarf. Wird die Fruchtfolge eingehalten, sollte der gesamte Garten genügend Kompost erhalten, um den Humusgehalt zu erhalten.

Kompost aus Grünabfällen

Kompost aus Bioabfall, oder Grünkompost, besteht aus Astschnittabfällen, Heckenschnitt und Rasenschnitt, der entweder gemeinschaftlich oder von Privatpersonen erzeugt wurde. Er wird auf großen Kompostflächen hergestellt, die im Allgemeinen mehrere tausend Tonnen Kompost pro Jahr abwerfen. Solche dezentralen Kompostieranlagen sind inzwischen ein wichtiger Bestandteil der Abfallwirtschaft.

Wann sollte man den Kompost zuführen?

Kompost aus Bioabfall dient vor allem dazu, dem Boden Nährstoffe zuzuführen und nicht direkt den Pflanzen.
Er ist weniger reich an Nährstoffen (vor allem an Stickstoff) als Kompost aus Mist (s. weiter unten), die auch weniger leicht verfügbar sind. Dennoch enthält er, da er hauptsächlich aus holzigen Abfällen entsteht, welche zum Großteil aus Lignin

bestehen, viele humusreiche Substanzen. Er sorgt also für eine effiziente Erhöhung des Humusgehaltes des Bodens. Grünkompost ist also besonders für sandige Böden interessant, in denen er dabei hilft, Wasser und Mineralstoffe besser zu speichern. Folglich kann er jederzeit zugeführt werden, indem er entweder oberflächlich verscharrt oder einfach an der Oberfläche belassen wird, wo er jedoch mit Mulch bedeckt werden sollte, damit er nicht austrocknet.

In welchen Mengen?

Die Mengen sind den Bedürfnissen des Bodens anzupassen. Bei sandigen oder umgestalteten Böden kann die Dosis sehr hoch sein (Einrichtung eines Gartens, für den Erde aufgeschüttet wurde) und 10 kg pro m^2 und Jahr betragen. Bei schluffigen oder tonigen Böden hingegen kann es sein, dass die Zufuhr niedriger ausfällt und nur an der Oberfläche nötig ist.

Andere Arten von Kompost aus städtischem Gebiet

Kompostwerke verarbeiten nicht nur Grünabfälle. Bestimmte mischen auch Schlamm aus Kläranlagen oder nicht getrennte Hausabfälle dazu. Kompost, der so entsteht, ist in der biologischen Landwirtschaft nicht zugelassen. Er enthält mehr Schwermetalle als Kompost aus Bioabfällen, vor allem wenn es sich um Kompost aus Hausabfällen handelt. Demgegenüber verwenden bestimmte Werke nur getrennt gesammelte Hausabfälle. Diese bestehen nur aus Schalen oder Essensresten, die mit Grünabfällen gemischt werden. Das so entstehende Produkt bezeichnet man als Kompost aus biogenen Abfällen. Unter bestimmten Voraussetzungen ist dieser Kompost – so wie der Kompost aus Grünabfällen – in der biologischen Landwirtschaft zugelassen. Die Tatsache, dass der Kompost für die biologische Landwirtschaft zugelassen ist, ist auch für den Gärtner ein interessanter Qualitätsindikator. Andernfalls sollte man sich gut über die Herkunft der im Werk verwendeten Abfälle informieren.

Nicht zu verwechseln: organische Bodenverbesserungsmittel und Komposterde

Gibt es in Ihrer Nähe kein Kompostwerk, wo Grünabfälle verarbeitet werden, ist es vielleicht verlockend, den Kompost in Säcken im Gartenfachhandel zu kaufen. Lesen Sie in diesem Fall die Etiketten gut durch oder lassen Sie sich von Verkäufern beraten, da Sie ansonsten Gefahr laufen, einen Sack Komposterde zu kaufen, der nicht dafür geeignet ist, die Erde Ihres Gartens zu verbessern. Komposterde ist für die Aussaat in Töpfen, im Winter und zu Frühlingsbeginn, gedacht. Sie enthält meist Torf, eine versteinerte organische Substanz, die in Feuchtgebieten – den Torfmooren – gewonnen wird. Um diese zu schützen, versuchen Sie, Komposterden zu finden, die keinen Torf enthalten.

Fragmentiertes Zweigholz

Das Konzept des fragmentierten Zweigholzes wurde in den 1970er Jahren entwickelt. Es ist untrennbar mit dem Namen Gilles Lemieux verbunden, einem Spezialisten im Bereich Forstwirtschaft, der folgende Technik vorschlug:

- Häckselgut sollte hauptsächlich aus Reisig von Laubbäumen mit einem Durchmesser von weniger als 7 cm hergestellt werden.
- Es sollte sofort nach seiner Herstellung, im November oder Dezember, auf den Boden gestreut werden, sodass eine etwa 3 cm dicke Schicht entsteht.
- Im Frühjahr werden weiße Filamente sichtbar, was auf die Anwesenheit von Pilzen hindeutet.
- Das Häckselgut wird durch einfache Bodenlockerung in die ersten Zentimeter des Bodens eingearbeitet.
- Der Vorgang wird nach drei bis vier Jahren wiederholt. Inzwischen wird kein Kompost oder Dünger welcher Art auch immer zugeführt.

Seit den 2000er Jahren hat diese Technik in Frankreich sehr schnell Bekanntheit erlangt, vor allem durch den Anstoß von Jacky Dupéty, einem Landwirt aus der Region *Causses du Quercy*, ein Kalkplateau mit trockenen Böden. Er hat damit spektakuläre Ergebnisse beim Gemüseanbau erzielt, obwohl er nicht bewässerte und die Sommer brütend heiß waren.

Pilze an vorderster Front

Wie wir im ersten Teil des Buchs bereits gesehen haben, sind Pilze in der Natur vor allem auf dem Gebiet des Lignin-Abbaus spezialisiert. Wird letzteres einem Boden in großen Mengen zugeführt, zum Beispiel durch fragmentiertes Zweigholz, dessen Hauptbestandteil Lignin ist, wird dadurch die Aktivität der Pilze – und vor allem der Ständerpilze – stark angeregt. Diese kolonisieren das zugeführte Holz, und das umso schneller, je feiner zerkleinert und feuchter es ist. Hier muss angemerkt werden, dass diese Technik kein einfaches Mulchen ist, da das Häckselgut durch Kratzen in den Boden oberflächlich eingearbeitet wird. So entsteht eine Nahrungskette, im Zuge derer die anderen Bodenlebewesen eingreifen: Bakterien, Gliederfüßer, Regenwürmer etc.

Klima und Boden sind entscheidend

Nach den vielversprechenden Ergebnissen, die von Jacky Dupéty erzielt worden waren, hat sich die Technik nach und nach in ganz Frankreich verbreitet und wurde auf einem Kongress (Lyon, 1. und 2. Februar 2007) behandelt, es kam zu Veröffentlichungen, Experimenten ... Wie so oft in der Agrarwissenschaft konzentrierten sich die Akteure (Landwirte, Fachkräfte oder einfache Gärtner) auf das Produkt, das eingesetzt werden sollte, und vergaßen dabei das Wesentliche: den Boden. Die Versuche, die in den letzten Jahren durchgeführt wurden, ergaben gegensätzliche Ergebnisse, welche meistens mit den Unterschieden betreffend Böden und klimatische Bedingungen zu tun hatten, was vollkommen logisch ist.

Ohne hier auf die Details der Versuche einzugehen, hier das Wichtigste: Es ist klug, die Technik an einer Stelle seines Gartens auszuprobieren, bevor man sie im ganzen Garten anwendet. Dies gilt im Übrigen für jede neue Technologie, die man bei sich einführen möchte. Erfahrungen zeigen, dass sich die Technik des fragmentierten Zweigholzes eher für durchlässige, sandige Böden in trockenem und heißem Klima eignet als für tonige Böden in feuchtem und kaltem Klima. Das bedeutet nicht, dass die Technik unter diesen Bedingungen nicht angewendet werden kann, sondern nur, dass sie mit Vorsicht angewendet werden sollte: Vor allem sollte die Menge,

Dieses zerkleinerte Holz wird von Pilzen zersetzt werden.

die zugeführt werden soll, angepasst werden (eher 1–2 cm statt den üblicherweise empfohlenen 3 cm). Auch sollte das Häckselgut oberflächlicher verscharrt und ihm stets Gründünger hinzugefügt werden. Hierbei sollten vor allem Gründüngungspflanzen aus der Familie der Hülsenfruchtgewächse zum Einsatz kommen.

Wann sollte es ausgebracht werden?

Empfohlen wird, das Zweigholz direkt nach dem Schneiden und Häckseln der Zweige, im November oder Dezember, zu verstreuen, damit es im Winter feucht werden kann. Anschließend wird es im Frühjahr durch einfache Bodenlockerung oberflächlich verscharrt.

In welchen Mengen?

Es wird empfohlen, das Zweigholz etwa 3 cm dick zu streuen, was etwa 10 kg pro m^2 entspricht, da fragmentiertes Zweigholz eine sehr geringe Dichte von durchschnittlich 0,25 bis 0,35 hat. Die Dicke sollte bei tonigen Böden etwa die Hälfte betragen. Achten Sie darauf, dass Sie keinen Stickstoffmangel* für die darauffolgenden Kulturen herbeiführen, da das C/N-Verhältnis von Holz erhöht ist. Das führt dazu, dass sein Abbau den gesamten mineralischen Stickstoff im Boden aufbraucht. Die Aussaat von Gründünger in Form von Hülsenfruchtgewächsen während oder nach der Zugabe von fragmentiertem Zweigholz erlaubt es, dieses Risiko zu minimieren.

Holzbestände für fragmentiertes Zweigholz

Die Technik des fragmentierten Zweigholzes steht in Zusammenhang mit der Verfügbarkeit von Holz und der Möglichkeit, es zu häckseln. Nicht jeder Gärtner hat immer Holz zur Verfügung und auch nicht unbedingt einen Häcksler. Man kann gehäckseltes Holz auch von Fachleuten, Baumpflegern oder Landschaftsgärtnereien erwerben, welches aber frisch sein sollte und rasch verwendet werden muss. Häckselgut, das mehrere Wochen in Haufen gelagert wird, beginnt, sich in Kompost umzuwandeln und wirkt nicht mehr auf dieselbe Art und Weise, wenn es ausgebracht wird.

Mist

Mist ist eine lokale, sehr interessante Ressource, die den selbstgemachten Kompost ergänzt, vor allem dank ihrem hohen Gehalt an Mineralstoffen, die besser verfügbar sind als jene aus Kompost, welche ausschließlich pflanzlicher Natur sind. Wählen Sie bevorzugt Mist von Tieren aus biologischer Landwirtschaft oder extensiver Tierhaltung und kompostieren Sie diesen. Je nach Region, in der Sie leben, haben Sie wahrscheinlich keine große Auswahl, da die Zuchtgebiete oft spezialisiert sind. In den Gebieten, wo es keine Züchter gibt, ist der einzige erreichbare Mist der von Pferden, da es Reitställe so gut wie überall gibt.

Vorzugsweise kompostiert

Es ist vorzuziehen, allen Mist, den Sie erwerben, zu kompostieren. Die beiden Hauptgründe dafür sind (1) die Entwässerung und (2) im Ergebnis ein Produkt, das einfacher zu verwenden ist.

- Die Entwässerung ist hauptsächlich auf den Temperaturanstieg zurückzuführen. Sie hilft auch, die Krankheitserreger abzutöten, die in den tierischen Exkrementen vorhanden sind und zerstört Tierarznei- oder Pflanzenbehandlungsmittel sowie Unkrautsamen, die in der Streu vorhanden sind.
- Nach der Kompostierung erhalten Sie ein Produkt, das viel weicher und einfacher auszubringen ist. Es kann auch vor dem Anbau bestimmter Gemüsesorten ausgebracht werden, die keinen frischen Mist vertragen, wie zum Beispiel die Karotte.

DIE KOMPOSTIERUNG MUSS DEN EIGENSCHAFTEN DER ART VON MIST ANGEPASST SEIN

	Eigenschaften	**Tipps für das Kompostieren**
Kuhmist	Dies ist der am wenigsten reichhaltige Mist, der jedoch am ausgeglichensten ist, was die Düngstoffe betrifft.	Am besten zur Kompostierung geeignet, unter der Bedingung, dass er Stroh enthält (meiden Sie zu weichen Mist, der sich nicht zu einem Haufen formen lässt, oder fügen Sie ihm Stroh hinzu, um ihn zu kompostieren).
Pferdemist	Ein wenig reicher an Stickstoff und Phosphor als Kuhmist. Enthält im Allgemeinen viel Stroh, da in Ställen das Stroh regelmäßig erneuert werden muss. Es ist hitziger Dünger, der für Mistbeete* verwendet wird.	Benötigt zu Beginn mehr Wasser, da er viel Stroh enthält.
Geflügelmist	Sehr reich an Stickstoff, kann als organischer Dünger* betrachtet werden.	Stroh oder getrocknetes Gras hinzufügen, ansonsten besteht das Risiko von Stickstoffverlust durch die Verflüchtigung von Ammoniak.
Schafmist	Enthält mehr Kalium als die anderen Arten von Mist.	Sehr trockener Mist, dem Wasser hinzugefügt werden muss, damit er kompostiert werden kann.
Schweinemist	Enthält mehr Stickstoff als Kuh- oder Schafmist, aber weniger als Geflügelmist. Wird immer seltener.	Stroh oder getrocknetes Gras hinzufügen, ansonsten besteht das Risiko von Stickstoffverlust durch die Verflüchtigung von Ammoniak.

Die Zusammensetzung der verschiedenen Arten von Mist finden Sie auf S. 159.

Kuhmist, der zu wenig Stroh enthält, als dass man ihn korrekt kompostieren könnte.

Geflügelmist, der sehr reich an Stickstoff und Phosphor ist: nicht mehr als 1 kg/m²/Jahr.

Kompostierung in zwei Phasen

Wenn Sie die Ratschläge in der obenstehenden Tabelle befolgen, wird Ihr Mistkompost sehr schnell einen Temperaturanstieg erleben. Ein- bis zweimal sollten Sie ihn dabei wenden, damit der gesamte Haufen entwässert wird, aber nicht öfter, da Sie bei jedem Mal Wenden riskieren, Stickstoff in Form von Ammoniak zu verlieren. Dies geschieht vor allem bei Mist, der sehr reich an Stickstoff ist (Geflügel- und Schweinemist). Die Phase, in der die Temperatur ansteigt, ist jene, in der Zellulose abgebaut wird, welche den Hauptbestandteil der Zellwände der Pflanzenzellen in Stroh ausmacht. In diesem Stadium ist der Kompost besonders interessant, da er entwässert und einfach auszubringen ist. Er spielt zudem noch eine Rolle bei der Stimulation der Mikroorganismen im Boden, was vor allem wichtig ist, wenn es darum geht, die Gefügestabilität zu erhöhen (s. S. 74). Dieser Kompost, den man als „jung" bezeichnen kann, enthält jedoch noch keinen Humus.
Es dauert mehrere Monate (mindestens vier bis sechs), bis die Pilze nach und nach das Lignin (zweitwichtigster Bestandteil der Pflanzenzellen in Bezug auf Masse) in humusreiche Verbindungen umwandeln. Erst nach dieser Phase, die als „Reifungsphase" bezeichnet wird, können Sie den Kompost dazu verwenden, den Humusgehalt Ihres Bodens zu erhöhen, zum Beispiel, wenn dieser sandig ist.

Änderung der Zusammensetzung von Kuhmist bei der Kompostierung
Am Ende der thermophilen Phase (nach ein oder zwei Monaten) ist, hauptsächlich von Bakterien, etwa die Hälfte der Zellulose abgebaut worden.
Humifizierte Substanzen bilden sich erst in der Reifephase durch die Aktivität der Pilze, die das Lignin teilweise zersetzen.

Wann sollte er ausgebracht werden?

Mistkompost ist reicher an Mineralstoffen als pflanzlicher Kompost. Daher sollte er ausgebracht werden, bevor die zu düngenden Pflanzen in den Garten kommen. Da-

ENTWICKLUNG DER VERSCHIEDENEN BESTANDTEILE WÄHREND DES KOMPOSTIERENS

(Auf der Ordinate: Gewicht der verschiedenen Bestandteile in % des Ausgangsgewichts)

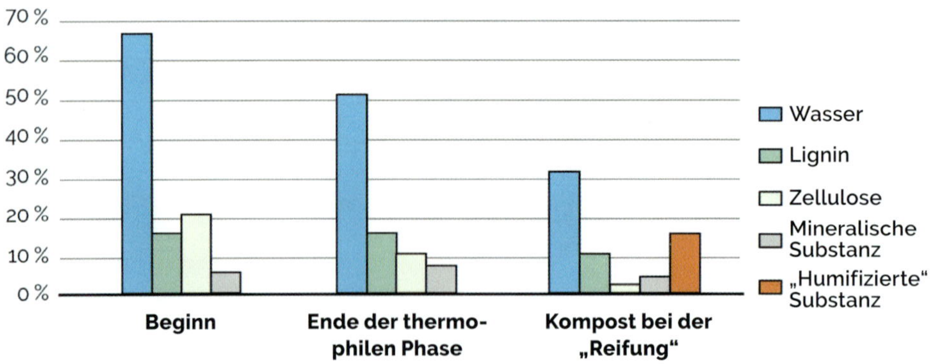

Quelle: *Produire des légumes biologiques*, Tome 1, ITAB, 2015 *(Anm. d. Übers.: „Bio-Gemüse erzeugen", ITAB/Technisches Institut für biologische Landwirtschaft in Frankreich).*

bei sollten deren individuelle Bedürfnisse beachtet werden (s. S. 157). Setzen Sie den Kompost nicht monatelangem Regen aus, da er sonst einen Großteil seines Kaliums verliert. Sobald er bereit zur Verwendung ist, bringen Sie ihn aus oder lagern Sie ihn im Trockenen.

Zu beachtende Vorsichtsmaßnahmen

Folgende Ratschläge sind zu befolgen, vor allem wenn Sie Mist verwenden, der nicht kompostiert ist:

- Bringen Sie ihn nicht im Herbst aus, da ein Teil seiner Bestandteile, allen voran Stickstoff und Kalium, im Winter ausgeschwemmt wird, vor allem auf sandigem Boden.
- Verscharren Sie ihn nicht, da er sehr schnell den gesamten im Boden vorhandenen Sauerstoff bei seinem Zerfall aufbraucht und so in tieferen Bodenschichten „erstickte" Bereiche entstehen. (Der Mist verfault, der Boden nimmt eine grau-blaue Farbe an und das Wurzelwachstum wird behindert.)
- Lassen Sie ihn auch nicht zu lange an der Oberfläche, da es sonst, vor allem bei stickstoffreichem Mist (Geflügel- und Schweinemist) zur Verflüchtigung von Ammoniak kommt; am besten ist es, den Boden nach dem Ausbringen leicht aufzukratzen und/oder sofort zu mulchen.
- Stellen Sie hohe Ansprüche, wenn es um die Herkunft des Mists geht: Wenn Sie ihn nicht von Ihren eigenen Tieren bekommen, versuchen Sie ihn von einem Bio-Bauern zu bekommen. So vermeiden Sie, dass er Reste von Pestiziden und Antibiotika enthält, was bei Mist manchmal vorkommt.

In welchen Mengen?

Im Gegensatz zu Pflanzenkompost, der in großen Mengen ausgebracht werden kann, darf Mistkompost nur in begrenzten Mengen verwendet werden, da dieser viel Stickstoff, Phosphor und Kalium enthält, vor allem, wenn er von Geflügel stammt. Die Mengen, die nicht überschritten werden sollten, schwanken zwischen 1 und 5 kg Rohprodukt pro m^2 und Jahr:
1 kg für Kompost aus Geflügelmist, 5 kg für Kompost aus Kuhmist und 4 kg für die anderen Arten von Mistkompost (Pferde-, Ziegen-, Schaf- und Schweinemist).

Organische Dünger

Diese dienen dazu, die Nahrung für die Pflanzen zu verbessern und nicht die Bodeneigenschaften. Organische Dünger sind vor allem reich an Stickstoff und Phosphor. Da diese Elemente auch in Kompost oder im Boden vorhanden sind, ist die Nutzung von organischen Düngern **nur bei offensichtlichen Mängeln** und bei sehr anspruchsvollen Pflanzen gerechtfertigt. Es ist sowohl im Interesse der Gesundheit Ihres Bodens als auch Ihres Geldbeutels, diese Dünger, deren Abbau im Boden sehr schnell passiert, nur in Ausnahmefällen zu verwenden: Diese Dünger bestehen hauptsächlich aus Proteinen, die von den Bodenbakterien sehr schnell verwertet werden, und hinterlassen große Mengen an Nitrat im Boden (so als ob Stickstoff in dieser mineralischen Form direkt zugeführt worden wäre).

Kaufen Sie keinen Kunstdünger

Im Gartenfachhandel finden Sie auch Kunstdünger, so zum Beispiel Ammoniumnitrat, um Stickstoff zuzuführen, oder Superphosphat, um Phosphor zuzuführen: Diese verursachen einen Kurzschluss der Bodenlebewesen, da sie direkt die Pflanzen ernähren und so die Anfälligkeit dieser für Schädlinge sowie das Risiko von Nitratüberschuss in Pflanzen oder im Wasser erhöhen etc. Erinnern wir uns hier daran, dass Kunstdünger in der biologischen Landwirtschaft verboten sind.

Wann soll man sie ausbringen?

Organische Stickstoffdünger dürfen ausschließlich im Frühjahr verwendet werden, wenn die Pflanzen erhöhten Stickstoffbedarf haben (aufgrund ihres schnellen Wachstums), während der Stickstoffgehalt des Bodens noch gering ist. Auf dem Markt erhältliche organische Dünger sind meist Mischungen aus verschiedenen tierischen Abfällen: Federmehl, Schweinsborsten, Fleischknochenmehl, getrocknetes Blut, Guano. Letzterer Bestandteil enthält den meisten Stickstoff (16 % seiner trockenen Bestandteile): Verwenden Sie ihn nicht, da er sich fast wie künstlicher Stickstoffdünger verhält (der seinen Stickstoff zu schnell abgibt). Er kommt von weit her (Chile oder Südafrika) ...

Rufen wir uns ins Gedächtnis, dass es andere Wege gibt, dem Boden schnell verfügbaren Stickstoff zuzuführen, wie beispielsweise den Anbau von Gründüngungspflanzen, die den Stickstoff aus der Atmosphäre fixieren (Klee, Wicke etc.), oder die Verwendung von Brennnesseljauche.

In welchen Mengen?

Die Maximaldosis für einen organischen Dünger mit einem Stickstoffgehalt von 10 % liegt bei etwa 100 g pro m² (oder bei 200 g für einen organischen Dünger mit einem Stickstoffgehalt von 5 %). Wird dieser Wert überschritten, treten die gleichen Folgen wie bei Kunstdünger auf: Anfälligkeit der Pflanzen für Schädlinge sowie Risiko von Nitratüberschuss in Pflanzen oder gelöst im Boden. Die Verwendung von phosphorreichem organischen Dünger, wie Knochen-, Horn- oder Federmehl, erweist sich als nützlich, sobald der Boden einen starken Mangel dieses Elements aufweist. Dennoch sollte er nur sehr sparsam verwendet werden: Zu viel Phosphor im Boden schadet der Bildung von Mykorrhizen.

Urin, ein zu 100 % selbstgemachter organischer Dünger!

„Flüssiges Gold", wie Renaud de Looze den Urin in seinem 2016 erschienenen Werk bezeichnet (s. Bibliografie), eignet sich gut zur Verwendung im Gemüsegarten – sofern einige Vorsichtsmaßnahmen eingehalten werden –, um dem Boden allen voran Stickstoff und Phosphor zuzuführen. Der Autor schlägt zwei Methoden vor. Die erste besteht darin, einmalig, bevor die Pflanzen in den Garten kommen, unverdünnten Urin auszubringen. Die zweite besteht darin, während des Anbaus der Pflanzen alle zwei bis drei Wochen Urin auszubringen, der auf ein Zwanzigstel verdünnt ist. Die empfohlene Menge liegt bei 1–5 l unverdünntem Urin pro m² und Jahr, was 6–30 g Stickstoff pro m² entspricht. Ein Mensch produziert pro Jahr etwa 500 l Urin, was bei weitem zur Düngung einer Fläche ausreicht, auf der Gemüse für eine Person angebaut wird. Der Stickstoff im Urin kann sehr schnell von den Pflanzen genutzt werden, was dazu führt, dass dieser organische Dünger durch Kompost ergänzt werden sollte. Renaud de Looze empfiehlt, im Vorhinein für jeden Liter Urin 500 g Kompost auszubringen (entspricht einem Volumen von 1 l).

Holzasche

Holzasche ist reich an Mineralstoffen: Kalzium, Magnesium, Kalium, Silizium … Aber Vorsicht: Diese Mineralstoffe sind in einer Form enthalten, die zu einem chemischen Ungleichgewicht im Boden führen kann: Kalk (CaO) für Kalzium, Kali (KOH) für Kalium. Daher ist es unumgänglich, die Dosis zu begrenzen und auch die Qualität der verbrannten Stoffe zu beachten (unbehandeltes Holz, kein Plastik, gefärbtes Papier sollte gemieden werden etc.). Wer sein Haus mit Holz heizt, produziert, je nach Volumen der beheizten Räume und nach Leistung der Verbrennung, genügend Asche, um mehrere Hundert Quadratmeter an Gartenfläche anzureichern.

Wann ausbringen?

Um zu verhindern, dass die in der Asche enthaltenen Mineralstoffe durch Ausschwemmen verloren gehen – hier allen voran Kalium –, sollte die Asche direkt am Ende des Winters verstreut werden: im gesamten Gemüsegarten, aber auch unter Obstbäumen, Rosensträuchern etc. Bedecken Sie den Komposthaufen nicht damit, da die Asche die Belüftung des Komposts stört, indem sie die feinen Poren verstopft.

In welchen Mengen?

Es sollten maximal 100 g pro m² ausgebracht werden. Dies entspricht zwei bis drei Handvoll. Damit verhindert man

Holzasche: maximal 100 g pro m² und Jahr.

das Risiko eines chemischen Ungleichgewichts und führt eine bei weitem ausreichende Menge an Kalzium, Kalium und Magnesium zu.

Brennnessel und Beinwell

Diese beiden Pflanzen, die Brennnessel (*Urtica dioica*) und der Hohe Beinwell (*Symphytum peregrinum*) werden im Allgemeinen in Form von Jauche verwendet. Sie wirken phytostimulierend auf Pflanzen und fördern deren Fruchtbarkeit. Brennnesseljauche fördert die vegetative Entwicklung der Pflanze, indem sie die Stickstoffernährung begünstigt. Beinwelljauche ist sehr reich an Kali, aber auch an Bor und anderen Spurenelementen*. Diese Arten von Jauche sind hin und wieder im Handel erhältlich, können aber auch sehr einfach selbst hergestellt werden.

Seine eigene Jauche herstellen

Jauchen sind fermentierte Pflanzenerzeugnisse. Um sie herzustellen, genügt es, ein nicht metallisches Gefäß mit frischen Blättern und Stängeln zu befüllen und anschließend mit Wasser aufzufüllen (1 kg auf 10 l). Vorzugsweise sollte dazu Regenwasser genutzt werden. Anschließend sollte man das Gemisch mazerieren lassen und etwa einmal täglich umrühren. Brennnesseljauche ist bereits nach zehn bis 15 Tagen gebrauchsfertig, sobald beim Umrühren keine Blasen mehr aufsteigen. Dies ist ein Zeichen dafür, dass die Mazeration abgeschlossen ist. Es ist vorzuziehen, beim Hantieren mit der Brennnesseljauche Handschuhe zu verwenden, da ihr

Ich habe das Glück, dass direkt neben meinem Garten ein Busch Brennnesseln wächst.

Hoher Beinwell.

Geruch penetrant ist! Die Fermentierung der Beinwelljauche dauert etwas länger, ungefähr einen Monat.

Wie wendet man sie an?

Sobald man sie mithilfe eines Tuchs filtriert hat, können die Jauchen 10- bis 20%ig verdünnt zum zweiwöchentlichen Gießen am Fuße von Pflanzen und Sträuchern benutzt werden. Man kann zum Beispiel die Verwurzelung von Tomatenpflanzen oder jungen Sträuchern in den Wochen, nachdem sie eingesetzt wurden, anregen. Achten Sie nichtsdestoweniger auf Überdüngung: Zu viel Brennnesseljauche kann übermäßig starkes vegetatives Wachstum zur Folge haben, welches zum Nachteil der Blüte und der Fruchtbildung geschieht. Es ist im Übrigen eine gute Idee, die Brennnesseljauche durch Beinwelljauche zu ersetzen, sobald die Pflanze beginnt, Früchte auszubilden, da Beinwell die Fruchtbildung fördert. Eine andere Möglichkeit, Brennnessel und Beinwell zu nutzen, besteht ganz einfach darin, mit ihnen zu mulchen oder sie zu kompostieren. Manchmal wird dazu geraten, eine Handvoll Brennnesseln in den Pflanzlöchern zu platzieren (Tomaten, Zucchini ...). Das ist nicht unbedingt eine gute Idee, da, wie bereits zum wiederholten Male gesagt, es nie eine gute Idee ist, frisches organisches Material zu verscharren, vor allem, wenn Ihr Boden tonig ist.

Algen, gute Stimulanzien

Braunalgen, die vor Küsten zu finden sind, oder Seetang sind reich an Spurenelementen, Vitaminen, Aminosäuren etc. Sie werden als Pulver eingesetzt, um den Pflanzenwuchs anzuregen, oder im Falle von Mängeln, vor allem im Frühjahr.

Kalzium-/ Magnesium-Bodenverbesserungsmittel

Dabei handelt es sich hauptsächlich um kalkhaltiges Gestein, welches mehr oder weniger stark fragmentiert ist und dazu dient, den Säuregehalt des Bodens zu korrigieren, wenn dieser übermäßig hoch ist. Indem Sie den pH-Wert durch eine Kalkung* erhöhen, tragen Sie dazu bei, die physische, chemische und biologische Bodenfruchtbarkeit zu verbessern. Sie reichern den Boden auch mit Kalzium und/oder Magnesium an. Entscheiden Sie sich am besten für solches Kalziumkarbonat, welches keiner speziellen Behandlung unterzogen wurde, mit Ausnahme der physischen (Zerkleinerung): zermahlener Kalk, Mergel, Kreide, Dolomit*. Auch Holzasche, welche sehr reich an Kalk ist, kann verwendet werden, um den pH-Wert zu steigern, ist aber in Maßen anzuwenden (s. S. 139).

Wann sollte man sie ausbringen?

Kalzium-/Magnesium-Bodenverbesserungsmittel wirken langfristig (über mehrere Jahre), der Zeitpunkt ihres Einsatzes spielt dabei kaum eine Rolle. Hier ist jedoch anzumerken, dass sie umso schneller mit dem Boden reagieren, je feiner das Produkt ist und je besser es mit der feinen Erde vermischt ist. Es sollte also vorzugsweise auf unbedeckter Erde ausgebracht werden. Die gröbsten Stücke, die direkt aus der Grube kommen (Mergel, Kreide), lösen sich schneller auf, wenn sie zu Winterbeginn verstreut werden. So kann man nämlich das Zusammenspiel von Frost und Regen ausnutzen. Wie weiter oben bereits geschildert, ist Holzasche vorzugsweise im Frühjahr auszubringen, da man so nicht riskiert, dass das darin enthaltene Kali im Winter verloren geht.

In welchen Mengen?

Zwischen 30 und 200 g pro m^2 und Jahr für zerkleinerten Kalk und Dolomit (letzterer enthält zusätzlich zu Kalziumkarbonat noch Magnesiumkarbonat). Mergel und Kreide, die nicht zerkleinert wurden, können lediglich alle drei bis fünf Jahre angewendet werden, in einer Dosis von 300 g je m^2.

Vermeiden Sie Lithotham

Lithotham ist ein Produkt, das aus dem Skelett einer Kalkalge im Meer stammt, und an den bretonischen Küsten gefischt wurde. Es stellt einen sehr wirksamen basischen Dünger dar, der sich jedoch nur sehr langsam erneuert. Um eine Ausbeutung dieser Ressource zu vermeiden, sollte sie nur beschränkt zum Einsatz kommen.

Die richtigen Methoden wählen

Wir nähern uns dem Ende dieses Buchs und halten nun eine Gebrauchsanweisung in Händen, darüber, wie man seinen Boden besser kennenlernt, sowie Daten über die Arten der Bodenvorbereitung und -bereicherung. Ihre Arbeit liegt nun darin, alle diese Informationen in Methoden umzusetzen, die Ihnen erlauben, unter den bei Ihnen vorherrschenden, individuellen Umständen einen Boden zu haben, der so lebendig ist wie möglich. Darauf ist erst ein Garten zu errichten, der Ihren Erwartungen entspricht. Jeder Gärtner ist ein Schlosser, der die passenden Schlüssel für seinen Boden finden muss. Wie geht man dabei am besten vor?

Boden und Klima an erster Stelle

Die bodenklimatischen* Bedingungen stehen im Vordergrund. Gleichgültig, ob es sich um eine Bodenbearbeitungstechnik handelt oder um ein „neues" Produkt, Sie müssen sich immer die Frage stellen, ob es an Ihre Situation angepasst ist. Treten Sie einen Schritt zurück und experimentieren Sie. Es ist zum Beispiel unwahrscheinlich, dass eine Technik, die auf sandigem Boden in trockenem Klima gute Ergebnisse erzielt, für tonigen Boden in feuchtem Klima geeignet ist und umgekehrt! Aus diesem Grund ist es wichtig, die einfachen, auf S. 70 ff. vorgestellten Tests durchzuführen. Zur besseren Illustration der zentralen Bedeutung dieser bodenklimatischen Bedingungen dienen zwei gegensätzliche Beispiele und die Schlüssel, das bedeutet, die Mittel der Wahl, die aus ihren Eigenschaften resultieren.

Gemüsegarten auf schluffigem Tonboden

Lokale Gegebenheiten: abgeschwächtes ozeanisches bis kontinentales Klima, mit kalten, feuchten Wintern; Boden speichert Wasser gut, aber schwer zu bearbeiten und zu belüften.

Gemüsegarten.

Mittel der Wahl: den Boden im Herbst grob umstechen, um den winterlichen Frost seine Arbeit machen zu lassen; Kompost aus Kuhmist zuführen, da eine Rinderzucht in der Nähe ist, Gründüngungspflanzen im Herbst und im Frühjahr anbauen. Die Zufuhr an jungem Kompost und Gründünger ist für diesen Bodentyp wichtig, um die krümelige Struktur zu erhalten, die nötig ist, damit der Boden besser belüftet wird. Der Einsatz von Hügelbeeten ist für diesen Boden eventuell interessant, da diese für bessere Entwässerung sorgen. Ein wenig Mulchen beginnend im Frühjahr sorgt für Nahrung für die Regenwürmer, die bei der Belüftung dieses Bodentyps eine zentrale Rolle spielen.

Gemüsegarten auf sandigem Boden

Lokale Gegebenheiten: mediterranes Klima mit relativ milden Wintern und trockenen und heißen Sommern; gut durchlüfteter Boden, einfach zu bearbeiten, speichert jedoch kein Wasser.

Mittel der Wahl: das ganze Jahr über mulchen; im Winter Gründüngungspflanzen anbauen, was empfohlen wird, um zu vermeiden, dass zu viele Mineralstoffe ausgeschwemmt werden; Kompost aus Grünabfällen zuführen, welcher so reif wie möglich sein sollte, um die Fähigkeit des Bodens, Wasser und Mineralstoffe zu speichern, zu erhöhen. Von Hügelbeeten

DER SCHUTZ DER BODENOBERFLÄCHE

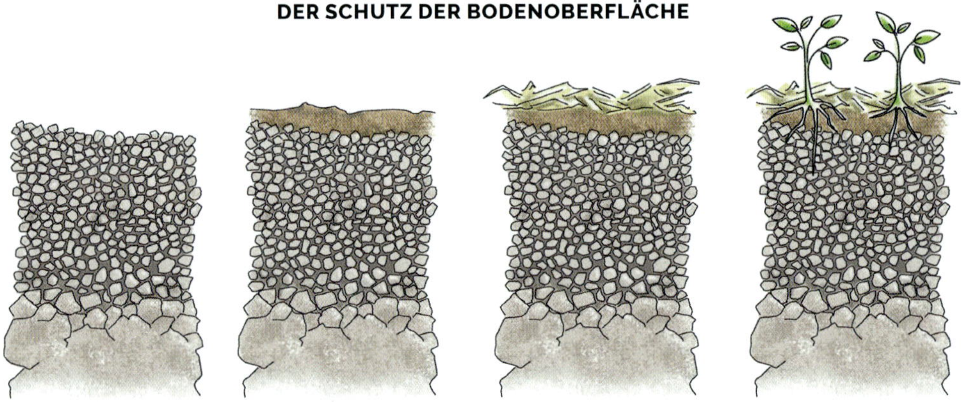

Bearbeiteter, aber unbedeckter Boden
Der Boden wurde gerade bearbeitet. Er besteht zu maximal 50 % aus Poren. Um diese Porosität zu erhalten, darf er nicht betreten werden, aber das allein genügt nicht. Dieser Boden ist der Erosion, der Austrocknung und der oberflächlichen Verdichtung ausgesetzt.

Bearbeiteter Boden + Kompost an der Oberfläche
Der Kompost schützt die Bodenoberfläche ein wenig, aber es besteht das Risiko, dass er austrocknet und einen Teil seiner Inhaltsstoffe verliert, wenn er weder oberflächlich verscharrt noch zugedeckt wird.

Bearbeiteter Boden + Kompost an der Oberfläche + schützende Mulchschicht
Der Mulch, der dem Kompost hinzugefügt wurde, schützt diesen vor dem Austrocknen und sorgt dafür, dass dieser nach und nach verscharrt wird, da die Regenwürmer den Mulch als Nahrung nutzen werden.

Bearbeiteter Boden + Kompost an der Oberfläche + schützende Mulchschicht + Gründünger
Direkt bevor Sie Kompost und den schützenden Mulch ausgebracht haben, haben Sie Gründüngungspflanzen gesät. Das ist die Ideallösung, da die Bodenoberfläche so noch besser geschützt ist als durch den Mulch alleine.

Mulch und Kompost: zwei Generalschlüssel?

In beiden der oben genannten, sehr gegensätzlichen Beispiele ist die Rede von Mulchen und Kompost. Sind diese beiden Techniken nun also Universallösungen, das heißt, in allen Situationen geeignet? Weitestgehend, ja. Mulchen hat zahlreiche Vorteile und kaum Nachteile, was dazu führt, dass es unter verschiedensten Bedingungen von Nutzen ist. Die Auswahl der Materialien und die Dicke der Mulchschicht jedoch müssen korrekt abgestimmt und den Umständen angepasst werden. Das Gleiche gilt für die Verwendung von Kompost. Die verfügbaren Rohstoffe können, je nach Region, sehr unterschiedlich sein, aber der Kompostierungsvorgang ist immer gleich und hat immer sehr ähnliche Effekte der Entwässerung und Humusbildung. Hingegen ist es nötig, mit der Dauer der Kompostierung zu spielen: Junger Kompost (zum Beispiel ein Kompost aus Kuhmist, der ein oder zwei Monate alt ist) hat stärkere Auswirkungen auf die Gefügestabilität des Bodens (durch Stimulierung der Mikroorganismen) als ein älterer Kompost (zum Beispiel ein Kompost aus Grünabfällen, der sechs Monate alt ist), der einen größeren Einfluss auf die Fähigkeit des Bodens, Wasser zu speichern, hat.

ist hier eher abzuraten, da dies mehr Bewässerung erfordert, vor allem, wenn die Erdhügel starkem Wind ausgesetzt sind. Die Mulchschicht sollte im Sommer dick ausfallen, um den Boden so gut wie möglich vor Sonnenstrahlen und Evaporation zu schützen.

Zusätze & Methoden abwechslungsreich gestalten

Um sich der Komplexität der biologischen Abläufe zu stellen, die unter unseren Füßen ablaufen, ist es vernünftig, mit einem Repertoire an Methoden ausgestattet zu sein, anstatt sich auf einige wenige zu konzentrieren.
Abwechslung bei den Zusätzen und Methoden stellt sicher, dass Unfälle beim Anbau und Ungleichgewicht im Boden (Mangel, Überschuss, Zerstörung der Struktur) vermieden werden. Übrigens kann man bemerken, dass Autoren, die eine bestimmte Technik besonders hervorheben, darauf bestehen, dass die Zusätze komplementär sind. Denken wir nur an das Zweiergespann aus Kompost und Urin oder jenes aus Zweigholz und Gründünger oder das aus Mulch und Kompost ... Kennt man seinen Boden besser, kann man diese oder jene Technik bevorzugt einsetzen. Zu Beginn jedoch besteht die klügste Verhaltensweise eines Gartenbau-Einsteigers darin, nicht alles auf eine Karte zu setzen!

Lokale Rohstoffe zu schätzen wissen

Eine Variation der Zusätze erlaubt es auch, die lokalen Rohstoffe mit einzubeziehen: jene, die an Ort und Stelle, direkt bei Ihnen oder bei Ihren unmittelbaren oder nicht zu weit entfernten Nachbarn erzeugt wurden. Die Schlüssel zu einem lebendigen Boden müssen, um nachhaltig zu sein, selbstverständlich „grün“ sein. Import von Material in Ihren Garten ist nötig, um den Export zu kompensieren (dieser fällt viel geringer aus, wenn Sie den Kompost aus Trockentoiletten nutzen). Aber hier sollten Sie jene Materialien nutzen, die möglichst in Ihrer Nähe hergestellt wurden. Machen Sie eine Bestandsaufnahme von allen im nahen Umkreis (von mehreren hundert Metern bis maximal einigen Kilometern) rund um Ihren Garten verfügbaren Rohstoffen: Stroh, Heu, gehäckseltes Holz, abgestorbenes Laub, Mist ... Wählen Sie anschließend jene Rohstoffe, die am ehesten Ihren Bedürfnissen entsprechen, als Ergänzung zu jenen, die Sie schon selbst erzeugen (selbstgemachter Kompost, Rasenschnitt etc.).
Ich zum Beispiel sammle immer das gemähte Heu von einer Wiese, die an meinen Garten angrenzt: Ich verwende es als Mulch, um Kompost zu erzeugen. Einer meiner unmittelbaren Nachbarn stellt mir auch Rasenschnitt und Astschnittabfälle zur Verfügung, die ich zur Abdeckung des Bodens oder des Komposts verwende. Ungefähr jedes zweite Jahr sammle ich Eselsoder Pferdemist, von ein wenig weiter von mir weg, und bekomme ein oder zwei Ballen Stroh von einem Bio-Landwirt der Gemeinde. Sammeln kann man auch Saatgut: jenes aus dem Gemüsegarten natürlich, aber auch jenes von Gründüngungspflanzen (Senf, Phazelie, Buchweizen, Wicke etc.). Diese Samen sind erstklassiger Input für Ihren Garten, gleich wertvoll wie organische Produkte, und außerdem brauchen sie kaum Platz bei der Lagerung!

Laisser-faire

Eine der wichtigsten Methoden für einen lebendigen Boden ist ganz einfach umzusetzen: einfach nichts tun. Man sollte es dennoch bewusst tun und dieses *Lais-*

ser-faire zumindest leiten. Zum Beispiel genügt es für eine ausreichende Vorbereitung des Bodens auf Samen und Pflanzen nicht, ihn einfach nicht mit Werkzeugen zu bearbeiten, deren Benutzung für den Gärtner anstrengend ist. *Laisser-faire* bedeutet in diesem Zusammenhang „die Regenwürmer unsere Arbeit machen zu lassen", was dennoch ein Mindestmaß an Vorbereitung erfordert, damit die Boden-

Sammeln von gemähtem Gras auf der Nachbarwiese meines Gartens.

oberfläche nicht zu trocken ist und damit die Würmer an der Oberfläche etwas zu fressen haben. Aber letztlich ist dies weniger anstrengend für uns. Es ist dafür nur nötig, seine Gewohnheiten zu ändern, sofern wir uns daran gewöhnt haben, regelmäßig umzustechen und die Arbeit der Regenwürmer vorwegzunehmen, die langsamer arbeiten als wir.
Hier noch weitere Beispiele für *Laisser-faire*, die bereits genannt wurden:

- Einen tonigen Boden zu Winterbeginn grob umstechen, damit Frost und Feuchtigkeit nach und nach die Klumpen aufbrechen.
- Eher auf die Technik der Abdeckung einer neuen Parzelle zurückgreifen, anstatt die Erde zu wenden.
- Zulassen, dass Gründüngungspflanzen, Blumen oder bestimmte Gemüsepflanzen sich von einem Jahr auf das andere spontan aussäen und sie keimen lassen: Dies funktioniert sehr gut bei Phazelie, Kosmee, Zinnie, Wicke, Feldsalat, Mangold ...

Das sind nur einige Beispiele. Das Wichtigste ist, diese Einstellung zu haben, die auch auf Beobachtung und Experimente gestützt sein sollte, welche zugleich die letzten beiden Schlüssel darstellen, die ich Ihnen vorschlagen möchte: Reservieren Sie für diese einen goldenen Nagel in Ihrer Gartenhütte!

Beobachten und experimentieren

Letztendlich sind Sie es, der die Schlüssel zu einem lebendigen Boden, Ihrem Boden, schmieden muss! Sie unterscheiden sich zwangsläufig von jenen Ihres Nachbarn. Sie müssen daher Maßanfertigungen sein und sich perfekt, ohne Zwang, an die bodenklimatischen Bedingungen Ihres Gartens, an Ihre Verfügbarkeit und auch an Ihre Wünsche anpassen. Um dies umzusetzen, sind Beobachtung und Experimente unverzichtbar.
Experimentieren bedeutet immer, gegenüber Rezepten, die Ihnen vorgeschlagen werden, misstrauisch zu sein. Die Agronomie verabscheut Rezepte, da diese sehr oft nicht funktionieren. Es geht hier nicht darum, gute Ideen abzuwerten, die die Geschichte der Landwirtschaft und der Gärtnerei geprägt haben (welche fortan mit Lichtgeschwindigkeit in unseren sozialen Netzwerken zirkulieren!), sondern nur darum, ihnen misstrauisch gegenüberzustehen. Fragmentiertes Zweigholz, Hügelbeete, Nicht-Bearbeitung des Bodens, Kompostierung an der Oberfläche ... so viele sehr interessante Methoden, die Sie jedoch einer Eingangsprüfung unterziehen sollten, bevor Sie sie in Ihren Garten aufnehmen.
Der erste Teil dieses Buchs diente dazu, Ihnen die Grundlagen näherzubringen, und kann und sollte immer wieder konsultiert werden. Es handelt sich hier nicht um Rezepte, sondern um einen aktuellen Wissensstand, der einen ausreichend präzisen Einblick in die natürlichen Abläufe bietet, die sich in einem Garten abspielen. Diese Grundkenntnisse können Sie natürlich verfeinern, indem Sie weiterführende Literatur zu Rat ziehen. Durch Beobachtung können Sie sich selbst davon überzeugen, dass all das in Ihrem Garten richtig funktioniert, was Sie noch zusätzlich mithilfe einfacher Tests, die auf S. 70 ff. vorgeschlagen wurden, feststellen können.
Schritt für Schritt werden Sie so zum Schmied Ihres lebendigen Bodens, und der Garten wird für Sie gleichzeitig zu einem Ort des Vergnügens und zu einem Ort der Experimente und Entdeckungen werden.

Anhang

Merkheft

Dieses Merkheft versteht sich als Ergänzung zu den einzelnen Kapiteln dieses Buchs. Hier können Sie schnell zusätzliche Informationen zu jenen im Text finden. Angepasst an das Inhaltsverzeichnis finden Sie hier folgende vertiefende Informationen:

- eine kleine Auffrischung aus Chemie,
- Bodenanalyse,
- Klassifizierung der Wirbellosen,
- Werkzeuge zur Bodenbearbeitung,
- die wichtigsten botanischen Pflanzenfamilien im Gemüsegarten,
- Einteilung der Gemüsepflanzen nach ihrem Düngerbedarf,
- die wichtigsten Gründüngungspflanzen,
- die Umwandlung von Elementen zu Oxiden und umgekehrt,
- die Zusammensetzung von Mist,
- Zusammenfassung der Verwendung von Dünger und Bodenverbesserungsmitteln.

Eine kleine Auffrischung aus Chemie

Die Materie besteht aus Atomen, die wiederum aus einem Kern bestehen, um den die Elektronen kreisen. Zur einfacheren Darstellung der Atome haben Chemiker einen oder zwei Buchstaben als Abkürzung für das jeweilige Element vorgeschlagen. Im Allgemeinen handelt es sich dabei um den ersten Buchstaben des Namens, den man als chemischen Namen bezeichnet.

Zum Beispiel:

- C: Kohlenstoff (von lat.: *carboneum*)
- Ca: Kalzium (von lat.: *calcium*)
- H: Wasserstoff (von lat.: *hydrogenium*)
- K: Kalium
- Mg: Magnesium
- N: Stickstoff (von lat.: *nitrogenium*)
- O: Sauerstoff (von lat.: *oxygenium*)
- P: Phosphor
- S: Schwefel

In der Natur gehen die meisten Elemente Verbindungen untereinander ein und bilden Moleküle:

- CO_2: Kohlenstoffdioxid (oder Kohlendioxid)
- CaO: Kalk (Kalziumoxid)
- K_2O: Kaliumoxid
- N_2: Luftstickstoff
- O_2: Sauerstoff
- H_2PO_4: Phosphorsäure
- SO_4: Sulfat

Die tiefgestellten Zahlen zeigen die Zahl an Atomen des jeweiligen Symbols an (zum Beispiel: Ein Kohlenstoffatom und zwei Sauerstoffatome bilden CO_2).

Diese Atome oder kleinen Moleküle können Elektronen dazugewinnen und verlieren, was ihre elektrische Gesamtladung beeinflusst, da die Elektronen negativ

geladen sind und die Protonen im Inneren des Kerns positiv.
In diesem Zustand bezeichnet man die Atome oder Moleküle als Ionen*: Anionen*, wenn sie ein oder mehrere Elektronen zu viel haben, Kationen, wenn sie ein oder mehrere Elektronen zu wenig haben.
Zum Beispiel:

- H_+: ein Proton (Wasserstoffatom, das sein Elektron verloren hat)
- K_+: Kalium-Kation
- NH_{4+}: Ammonium-Kation
- NO_{3-}: Nitrat-Anion

Diese ionisierten Formen von Atomen und kleinen Molekülen sind sehr wichtig, da so ihre vorübergehende Bindung im Boden möglich ist, entweder an Ton- oder an Humusteilchen.
Die chemischen Formeln größerer Moleküle aufzuschreiben, ist schwieriger. Glukose etwa, einer der einfachsten Zucker, hat die Formel $C_6H_{12}O_6$. Danach teilt man die größeren Moleküle in biochemische Stoffklassen ein: komplexe Zucker, Proteine, welche wiederum aus Aminosäuren bestehen, Nukleinsäuren (DNA), Fette etc. Alle diese großen Moleküle, die Kohlenstoffatome enthalten, sind die Bausteine der lebenden organischen Substanz. Beim Absterben von Pflanzen und Tieren wird diese organische Substanz zum Teil im Boden gespeichert, in Form von Humus (s. S. 26).

Bodenanalyse

Diese macht es möglich, zu bestätigen und zu verfeinern, was Sie in Ihrem Garten bereits beobachtet haben, indem sie Ihnen Zahlen liefert: Gehalt an organischer Substanz, an Nährstoffen (Stickstoff, Kalium, Phosphor, Magnesium ...), pH-Wert ...
Diese Analysen werden in spezialisierten Laboren durchgeführt, die zuerst dazu dienten, den Bedürfnissen der Landwirte nachzukommen, aber deren Dienste immer öfter von Hobbygärtnern in Anspruch genommen werden.
Die Ergebnisse dieser Analysen werden im Allgemeinen durch Kommentare und Ratschläge zu Pflanzen und Düngemitteln ergänzt. Dennoch sind jene Labore selten, die Ratschläge geben, die dem biologischen Gartenbau angepasst sind. Wundern Sie sich also nicht, wenn Sie Ratschläge bekommen, die Ihnen nahelegen, Mineraldünger zu verwenden ...

Die Bedeutung der Probenahme

Vom Labor, das Sie kontaktiert haben, erhalten Sie einerseits einen Beschreibungsbogen zum Ausfüllen – Kennzahl der Parzelle, Arten der angebauten Pflanzen: Gemüsegarten, Obstgarten; gewünschte Analyse etc. –, andererseits erhalten Sie Ratschläge zur Stichprobenentnahme.
Bei einem Gemüsegarten ist es generell empfehlenswert, ein Dutzend Proben an verschiedenen Stellen im Garten in einer Tiefe von 10 bis 30 cm zu nehmen. Anschließend werden diese Proben gut vermischt und bilden die endgültige Stichprobe, die ans Labor geschickt wird. Bei einem fertigen oder geplanten Obstgarten sind zwei Analysen notwendig, eine in den ersten 20 cm des Bodens, die andere in tieferen Schichten von etwa 50 cm.

Warum eine Bodenanalyse durchführen lassen?

Eine Bodenanalyse lohnt sich in folgenden Fällen:

- Wenn Sie einen Garten auf einem Untergrund anlegen wollen, den Sie nicht kennen.
- Wenn Sie an bestimmten Pflanzen Mangelerscheinungen feststellen.

– Wenn Sie Obstbäume pflanzen wollen, um die richtige Unterlage zu finden.

Bei einem Gemüsegarten sollten Sie die Analyse auch in regelmäßigen Abständen wiederholen (alle vier bis fünf Jahre). In diesem Fall sollten die sukzessiven Analysen vom selben Labor durchgeführt werden, damit sie miteinander vergleichbar sind. Des Weiteren sollten Sie sich nur auf Faktoren konzentrieren, die veränderlich sind: Gehalt an organischer Substanz, Stickstoff, Phosphor, Kalium, pH-Wert … Die Granulometrie erneut analysieren zu lassen, ist nutzlos.

Analyse mit der Lupe

Die meisten Basisprogramme, die von Laboren angeboten werden, enthalten folgende Analysen, die Kosten liegen im höheren zweistelligen bis niedrigen dreistelligen Bereich:

- **Granulometrie:** Diese dient zur präzisen Bestimmung der Anteile an grobem Sand, feinem Sand, grobem Schluff, feinem Schluff sowie Ton. Mit ihrer Hilfe lässt sich also die Textur des Bodens ermitteln, welche Sie mit der Fingerprobe und dem Sedimentationstest bereits ungefähr bestimmen konnten. Sie ist vor allem angebracht, wenn man einen Garten auf einem Untergrund anlegen möchte, den man noch nicht kennt.

- **Anteil an organischer Substanz:** Eine gute Gartenerde verfügt über einen Anteil an organischer Substanz zwischen 3 und 5 %, da Gartenbau den Boden intensiv beansprucht (vor allem Gemüseanbau) und daher eine regelmäßige Kompost- und Mulchgabe angebracht ist. Das Ergebnis der Analyse sollte durch Beobachtungen vor Ort ergänzt werden: Ist die organische Substanz im Boden gut abgebaut worden oder nicht (siehe Spatenprobe)?

- **pH-Wert:** Dieser bestimmt den Säuregrad des Bodens. Die meisten Gemüsepflanzen entwickeln sich am besten bei einem pH-Wert zwischen 6 und 8. Bestimmte Zierpflanzen (Rhododendren, Kamelien, Hortensien) benötigen einen klar sauren Boden (pH-Wert von etwa 6).

- **Gesamtkalk und Aktivkalk:** Dies ist die erste Messung der Gesamtmenge an Kalk im Boden. Nützlich, vor allem für ein anstehendes Gartenprojekt, ist die Analyse des Aktivkalks, denn dieser ist maßgeblich für die richtige Unterlage. Der Aktivkalk nämlich beeinflusst auch die Pflanzen, indem er mit anderen Mineralien im Boden reagiert, und dies umso stärker, je feiner die Kalkteilchen sind und je aktiver der Kalk ist. Eine Analyse des Gesamtkalks ist unzureichend, denn wenn der Kalk hauptsächlich in groben Teilchen oder gar in Steinchen enthalten ist, hat er wenig Einfluss auf die Bodeneigenschaften.

- **Phosphor und Kalium:** Gartenböden, die schon über Jahre hinweg bewirtschaftet wurden, enthalten meist viel von diesen beiden Elementen. Auf Böden, mit deren Bewirtschaftung gerade erst begonnen wurde, trifft das nicht immer zu.

- **Magnesium:** Dieses fördert die Aufnahme von Stickstoff und Phosphor durch Pflanzen und spielt eine wichtige Rolle bei der Photosynthese. Magnesiummangel führt zu Wachstumsstörungen und dazu, dass Wurzeln und Früchte sich schlecht entwickeln. Charakteristisches Kennzeichen: Gelbfärbung der Blätter zwischen den Blattadern.

- **Spurenelemente:** Diese sind im Boden in sehr geringen Mengen vorhanden und unverzichtbar für die Pflanzengesundheit: Bor, Mangan, Kupfer … Gartenböden enthalten meist ausreichend davon.

Klassifizierung der Wirbellosen

<table>
<tr><td rowspan="28">WIRBELLOSE</td><th>Stamm</th><th>Klasse / Unterstamm</th><th>Ordnung / Unterklasse</th><th>Vertreter</th></tr>
<tr><td>Ringelwürmer (Annelida)</td><td>Gürtelwürmer (Clitellata)</td><td>Wenigborster (Oligochaeta)</td><td>Regenwürmer</td></tr>
<tr><td>Nematoden (Nematoda)</td><td colspan="3"></td></tr>
<tr><td rowspan="2">Weichtiere (Mollusca)</td><td rowspan="2">Bauchfüßler (Gastropoda)</td><td rowspan="2">Lungen-schnecken (Pulmonata)</td><td>Nacktschnecken</td></tr>
<tr><td>Schnecken</td></tr>
<tr><td rowspan="23">Gliederfüßer (Arthropoda)</td><td>Krebstiere (Crustacea)</td><td>Asseln (Isopoda)</td><td>Landasseln</td></tr>
<tr><td>Tausendfüßler (Myriapoda)</td><td colspan="2">Tausendfüßler</td></tr>
<tr><td rowspan="2">Spinnentiere (Arachnida)</td><td>Milben (Acari)</td><td>Hornmilben</td></tr>
<tr><td colspan="2">Spinnen</td></tr>
<tr><td rowspan="19">Insekten (Insecta, gehörend zum Unterstamm der Sechsfüßer, Hexapoda)</td><td colspan="2">Springschwänze</td></tr>
<tr><td rowspan="3">Käfer (Coleoptera)</td><td>Samenkäfer</td></tr>
<tr><td>Kartoffelkäfer</td></tr>
<tr><td>Schnellkäfer</td></tr>
<tr><td colspan="2">Ohrwürmer (Dermaptera)</td></tr>
<tr><td>Zweiflügler (Diptera)</td><td>Minierfliege</td></tr>
<tr><td rowspan="2">Schnabelkerfe (Hemiptera)</td><td>Wanzen</td></tr>
<tr><td>Blattläuse</td></tr>
<tr><td rowspan="3">Hautflügler (Hymenoptera)</td><td>Bienen</td></tr>
<tr><td>Wespen</td></tr>
<tr><td>Ameisen</td></tr>
<tr><td rowspan="4">Schmetterlinge (Lepidoptera)</td><td>Miniermotten</td></tr>
<tr><td>Eulenfalter</td></tr>
<tr><td>Weißlinge</td></tr>
<tr><td>Wickler</td></tr>
<tr><td colspan="2">Netzflügler (Neuroptera)</td></tr>
<tr><td colspan="2">Libellen (Odonata)</td></tr>
<tr><td colspan="2">Heuschrecken (Orthoptera)</td></tr>
</table>

Werkzeuge zur Bodenbearbeitung

Die **Spatengabel** stellt das am weitesten verbreitete Werkzeug zum Umgraben und Wenden der Bodenerde dar. Sie sollte vorzugsweise durch ein Werkzeug wie die Aérabêche oder die Grelinette ersetzt werden. Ich persönlich verwende dieses Werkzeug nur zum Ausgraben von Gemüse (Paprika, Pastinake, Karotte, Schwarzwurzel, Topinambur).

Der **flache Spaten** wird gleich verwendet wie die Spatengabel. Er ist eher für sehr sandige Böden zu empfehlen als für schluffige und tonige Böden. Bei diesen besteht die Gefahr, dass die Erde geglättet und damit verdichtet wird.

Aérabêche und **Grelinette** sind zwei neuere Werkzeuge, die so konstruiert wurden, dass damit die Erde umgegraben werden kann, ohne sie zu wenden, und dass rückenschonend gearbeitet werden kann.

Die **Zinkenhacke** hat vier gebogene Zacken und ist ideal, um die Erdklumpen nach dem Umstechen vollends zu zerkleinern und um Bodenverbesserungsmittel und Gründünger oberflächlich zu verscharren. Während der Zerbröckelungsarbeit können mit diesem Werkzeug auch Wurzeln und Rhizome ausgerissen werden.

Der **Rechen** ist das Markenzeichen des Gärtners. Er dient dazu, die Oberfläche zu ebnen und die Erde vor der Aussaat zu verfeinern, aber auch dazu, den Boden leicht zusammenzudrücken. Mit seiner Hilfe lassen sich des Weiteren Pflanzenabfälle zusammenrechen, die dann als Mulch oder Kompost dienen können. Man kann ihn auch dazu verwenden, feine Produkte wie Kompost oder Asche noch oberflächlicher zu verscharren, als dies mit der Zinkenhacke möglich ist.

Die **Rode- oder Jäthacke** hat, wie der Name schon sagt, zwei Hauptfunktionen: Auflockern und Jäten. Man kann sie auch zum Aufhäufeln benutzen. Ihre Verwendung ist überflüssig, sobald der gesamte Garten gemulcht ist.

Die **Handhacke** ist sehr praktisch, wenn es darum geht, einen Garten mit jungen Pflanzen aufzulockern, bevor gemulcht wird.

Die **Hacke** dient dazu, den Boden oberflächlich umzustechen, und wird immer seltener verwendet, da ihre Nutzung anstrengend ist.

Der **Handkultivator** mit drei oder fünf Zinken dient dazu, die Erde nach dem Umstechen oder wenn sie verdichtet ist, zu zerkrümeln. Ist der Garten gemulcht, hat er wenig Nutzen. (Ein Freund hat mir einen geschenkt, den ich noch nie benutzt habe …)

Der **Sauzahn** ist quasi der Handkultivator mit nur einem Zinken! Er dringt jedoch tiefer in die Erde und kann den Boden so bis in tiefere Schichten auflockern. Aber Vorsicht bei der Anwendung: Da er nur einen Zinken hat, kann man damit sehr nahe an Pflanzen arbeiten, was das Risiko birgt, ihre Wurzeln zu beschädigen.

Die **Gabel** ist genau genommen kein Werkzeug zur Bodenbearbeitung, aber sie ist unverzichtbar, um den Boden lebendig zu halten, da sie dazu dient, Komposthaufen zu wenden!

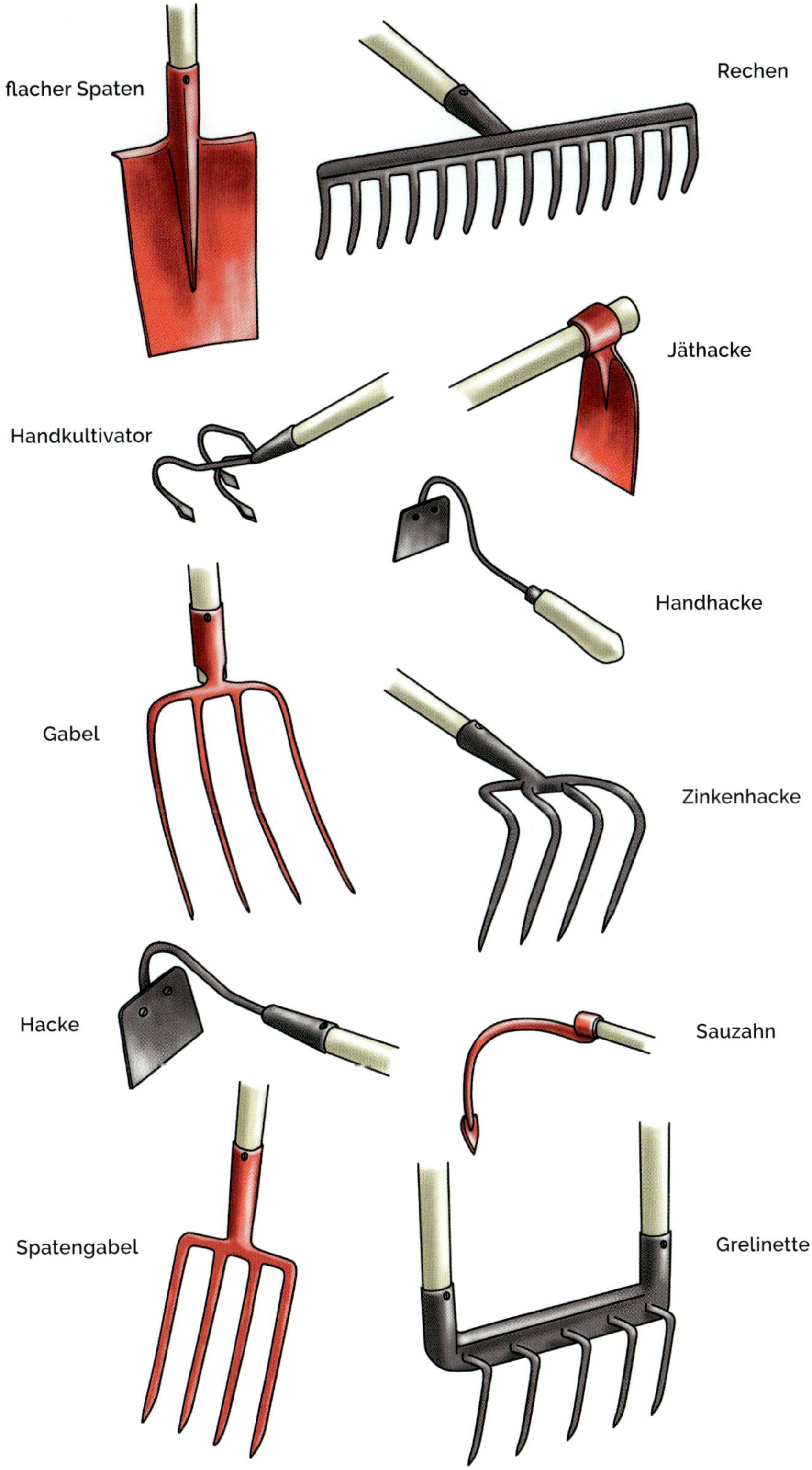
flacher Spaten
Rechen
Jäthacke
Handkultivator
Handhacke
Gabel
Zinkenhacke
Hacke
Sauzahn
Spatengabel
Grelinette

Die wichtigsten Pflanzenfamilien im Gemüsegarten

Familie	Ehemalige Zuordnung	Gemüse und Gründüngungspflanzen
Alliaceae	Liliacae	Knoblauch, Spargel, Schnittlauch, Schalotte, Zwiebel, Lauch
Apiaceae	Umbelliferae	Karotte, Sellerie, Kerbel, Fenchel, Pastinake, Petersilie
Asteridae	Compositae	Artischocke, Kardone, Endivie, Estragon, Salate, Haferwurzel, Schwarzwurzel, Topinambur
Brassicaceae	Cruciferae	Kohl (alle Sorten), Kresse, Senf, Rübe, Radieschen, Rucola
Chenopodiaceae	Chenopodiaceae	Gartenmelde, Mangold, Rote Rübe, Spinat
Cucurbitaceae	Cucurbitaceae	Gurke, Essiggurke, Kürbis, Zucchini, Melone
Fabaceae	Papilionaceae	Ackerbohne, Bohne, Luzerne, Erbse, Kichererbse, Klee
Lamiaceae	Labiatae	Basilikum, Knollen-Ziest, Majoran, Minze, Rosmarin
Poaceae	Gramineae	Zuckermais
Polygonaceae	Polygonaceae	Ampfer, Rhabarber, Buchweizen
Solanaceae	Solanaceae	Aubergine, Physalis, milde und scharfe Paprika, Kartoffel, Tomate
Rosaceae	Rosaceae	Erdbeere
Valerianaceae	Valerianaceae	Feldsalat

Einteilung der Gemüsepflanzen nach Düngerbedarf

Pflanzen mit hohem Bedarf	Pflanzen mit mittlerem Bedarf	Pflanzen mit niedrigem Bedarf
Artischocke Aubergine Erdbeere Essiggurke Fenchel Gurke Kartoffel Kohl Kürbisse und Riesenkürbisse Lauch Mais Melone Paprika Sellerie Spinat Tomate	Endivie Haferwurzel Karotte Löwenzahn Mangold Pastinake Rote Bete Salat Schwarzwurz Spargel	Ackerbohne Bohne Erbse Feldsalat Knoblauch Radieschen Rosenkohl Rübe Schalotte Zwiebel

Quelle: *Produire des légumes biologiques*, Tome 1, ITAB, 2015. (*Anm. d. Übers.: „Bio-Gemüse erzeugen“, ITAB/Technisches Institut für biologische Landwirtschaft in Frankreich*)

Die wichtigsten Gründüngungspflanzen

Gründünger	Anmerkung	Zeit der Aussaat	Samendosis g/10 m²
Spinat	Exzellenter Gründünger, der sehr schnell verrottet, sobald er abgeschnitten wird. Man kann abwechselnd eine Reihe Spinat und eine Reihe Gemüse säen. Sind die Spinatpflanzen gewachsen, schneidet man sie an Ort und Stelle ab und bedeckt die Reihen mit Mulch aus frischem Laub, welches die Regenwürmer nach und nach verscharren.	März bis April oder August-September	50
Frühjahrssorten der Ackerbohne	Lieben kühle Böden. Haben ein weitläufiges Wurzelsystem und bedecken den Boden gut im Winter. Halten Kälte gut stand. Sind winterhart.	März bis April	100 bis 200
Wintersorten der Ackerbohne		September bis Oktober	
Luzerne	Kann drei bis vier Jahre lang im Garten bleiben. Besitzt ein mächtiges Wurzelsystem, das die Erde einfach lockert (aber welches schwierig zu zerstören ist). Bietet kleinen Nutztieren Nahrung (Kaninchen).	März bis April	20
Weißer Senf	Schnell wachsende Pflanze, angepasst an eine späte Aussaat im Herbst. Er friert sehr schnell und muss vor dem Verscharren nicht zerkleinert werden. Seine Pfahlwurzel bearbeitet den Boden bis in die Tiefe. Muss richtig in den Fruchtwechsel eingefügt werden, da er zur Familie der Kreuzblütler gehört. Seine intensive Anwendung senkt die Anzahl an Mykorrhizapilzen im Boden. Das liegt daran, dass der Weiße Senf, wie alle Kreuzblütler, keine Mykorrhizen bildet.	März bis September	15

Die wichtigsten Gründüngungspflanzen (Fortsetzung)

Gründünger	Anmerkung	Zeit der Aussaat	Samen-dosis g/10 m²
Phazelie	Schnell wachsende Pflanze, die reichlich organische Substanz produziert und das Wachstum von Unkraut hemmt. Ihr gut ausgebildetes Wurzelsystem lockert die Erde wirksam auf. Da sie einer anderen Pflanzenfamilie angehört als die Gemüsepflanzen (Hydrophyllaceae), stellt sie ein gutes Mittel dar, um Pflanzenkrankheiten und Schädlingen entgegenzuwirken. Exzellente Honigpflanze.	März bis September	15
Italienisches Raygras	Süßgras, das allein oder in einer Mischung angebaut werden kann, zum Beispiel mit Weiß- oder Wiesenklee.	März bis April	25
Esparsette	An kalkhaltige und trockene Böden angepasst. Die Esparsette ist winterhart, aber scheut übermäßige Feuchtigkeit. Verfügt über ein tiefes Pfahlwurzelsystem. Nektarreiche Pflanze.	August bis September	40 bis 50
Buchweizen	Wächst schnell, frostempfindlich ab 0 °C. Ist aufgrund seiner Fähigkeit, auf kargen Böden zu wachsen, und seiner unkrautvernichtenden Eigenschaften interessant.	März bis April, August bis September	50 bis 100
Roggen	Exzellente Bodendeckerpflanze mit Faserwurzelsystem, das die Struktur des Bodens stark verbessert. Bietet Hülsenfrüchtlern eine natürliche Stütze (Inkarnat-Klee, Winterwicke).	September bis Oktober	200
Weißklee	Entwickelt sich langsam und ist interessant in Verbindung mit einem Süßgras oder am Fuße von Obstbäumen.	März bis April	5 bis 10
Inkarnat-Klee	Sehr dekorativ. Schätzt mildes und feuchtes Klima. Kann mit einem Süßgras, wie Roggen, kombiniert werden.	August bis September	20 bis 30
Wiesenklee	Produziert beträchtliche Mengen an organischer Substanz, aber wächst langsam. Sollte mit einem Süßgras (Italienisches Raygras) kombiniert werden. Alleine ausgesät kann man es zwei Jahre lang wachsen lassen.	März bis April	20
Frühlingswicke	Wachsen schnell und entwickeln eine Pflanzendecke, die Unkraut erstickt. Winterwicke wird sehr oft in Kombination mit Roggen verwendet, da ihr letzterer als Stütze dient.	März bis Juni	200
Winterwicke		August bis September	50 (+ 60 von Roggen)

In Grün: Gründüngungspflanzen aus der Familie der Hülsenfruchtgewächse. Diese fixieren Luftstickstoff.

Die Umwandlung von Einheiten: Elemente und Oxide

Die folgende Tabelle hilft Ihnen dabei, Zugaben zu berechnen oder bestimmte Zahlen miteinander zu vergleichen. Sehr oft werden die Einheiten der Inhaltsstoffe von Düngern in Oxiden angegeben (K_2O für K, P_2O für P etc.), während die Bedürfnisse der Pflanzen in Elementen angegeben sind (K, P).
Beispiel: Eine Ausfuhr von 10 kg P durch Pflanzenanbau muss durch die Zuführung von 10 x 2,291 = 22,9 kg P_2O_5 kompensiert werden.

Umwandlung der Elemente in Oxide	Umwandlung der Oxide in Elemente
N x 4,427 = NO_3	NO_3 x 0,226 = N
P x 2,291 = P_2O_5	P_2O_5 x 0,436 = P
K x 1,205 = K_2O	K_2O x 0,830 = K
Ca x 1,399 = CaO	CaO x 0,715 = Ca
Mg x 1,658 = MgO	MgO x 0,603 = Mg
S x 2,497 = SO_3	SO_4 x 0,400 = S

Zusammensetzung von Mist

Gehalt an Trockenmasse (TM), Gesamt-N, P_2O_5 und K_2O in verschiedenen Misten in Gramm pro Kilogramm Rohprodukt.

Art des Mists	TM	Stickstoff (Gesamt-N)	Phosphor (als P_2O_5)	Kalium (als K_2O)
Milchkühe[1]	220	5,8	2,3	9,6
Schafe	300	6,7	4	12
Schweine[2]	330	7,2	7	10
Ziegen	450	6,1	5,2	7
Pferde	540	8,2	3,2	9
Fleischhühner	750	29	25	20

1. Sehr kompakter Mist mit viel Streu.
2. Mist mit viel Streu auf Stroh.
Quelle : *Produire des légumes biologiques*, Tome 1, ITAB, 2015. *(Anm. d. Übers.: „Bio-Gemüse erzeugen", ITAB/Technisches Institut für biologische Landwirtschaft in Frankreich)*

Zusammenfassung der Kompost- und Bodenverbesserergaben

Vorsicht: Die Zahlen in dieser Tabelle sind Richtwerte und der jeweiligen Situation anzupassen. Es sollte auch nicht vergessen werden, dass die hier erwähnten Produkte ergänzend zu Mulch und Gründüngung zu verstehen sind, was man nicht in kg/m² überführen kann, aber was dennoch eine grundlegende Rolle im Gartenbau spielt.

Produkt	Zeit der Anwendung	Menge pro m²/Jahr	Wirkung auf Boden & Pflanzen	Empfehlungen
Selbstgemachter Kompost	Das ganze Jahr über	3–10 kg (6–20 l)	Führt Boden und Pflanzen Nahrung zu.	Die Menge den Bedürfnissen der Pflanzen und dem Humusgehalt des Bodens anpassen. In einer reichhaltigen Gartenerde reichen 5 kg für starkzehrende Gemüsepflanzen. Mehrere Haufen anlegen, um immer genug zur Verfügung zu haben. Interessant für sandige Böden.
Kompost aus Pflanzenabfällen	Das ganze Jahr über	5 bis 10 kg (von 1,5–3 cm)	Führt dem Boden Nahrung zu, vor allem in Form von stabilen organischen Substanzen.	Interessant für sandige Böden.
Fragmentiertes Zweigholz	Herbst	5–10 kg (von 1,5 bis 3 cm)	Führt dem Boden Nahrung zu; fördert vor allem Pilze.	Die Menge dem Bodentyp anpassen (bei tonigem Boden nur 1–2 cm).
Rindermist	Frühjahr	5 kg	Führt Boden und Pflanzen Nahrung zu.	Vorzugsweise kompostiert.
Geflügelmist	Frühjahr	1 kg	Führt vor allem den Pflanzen Nahrung zu.	Vorzugsweise kompostiert. Vorsicht, Gefahr der Überdosierung.
Andere Arten von Mist	Frühjahr	4 kg	Führen Boden und Pflanzen Nahrung zu.	Vorzugsweise kompostiert.
Organische Dünger	Frühjahr	100–200 g	Führen vor allem den Pflanzen Nahrung zu.	Vorsicht, Gefahr der Überdosierung.
Urin	Unverdünnt im Frühjahr oder auf 1/20 verdünnt alle 2–3 Wochen.	1–5 l	Führt vor allem den Pflanzen Nahrung zu.	Ergänzend zum Kompost zu verwenden (500 g hausgemachten Kompost/Liter).
Holzasche	Frühjahr	100 g (2 bis 3 Handvoll)	Führt vor allem den Pflanzen Nahrung zu, dient aber auch als basischer Zusatz.	Vorsicht, nicht überdosieren: 100 g pro m² ist das Maximum, sonst wird das chemische Gleichgewicht des Bodens gestört, da ein Überschuss an Kalium und Kalk vorherrscht.
Brennnesseljauche	Frühjahr	1 l	Führt vor allem den Pflanzen Nahrung zu.	Die angegebene Dosis (unverdünnt) ist ein Maximum und darf ausschließlich den Pflanzen, die sich mitten im Wachstum befinden, zugeführt werden, und nicht jenen, die sich gerade in der Fruchtbildungsphase befinden.
Basische Mineralzusätze (gemahlener Kalk, Mergel, Kreide, Dolomit)	Das ganze Jahr über, für Kreide und Mergel vorzugswese vor dem Winter.	30–200 g	Erhöhen den pH-Wert des Bodens.	Nur bei sauren Böden. Mergel und Kalk dürfen nur alle 3 bis 5 Jahre zugeführt werden, die durchschnittliche Dosis beträgt dabei 300 g/m².

Literaturhinweise

Pascal Aspe, *Je sème des engrais verts*, Terre vivante, 2013, 96 S.
Pascal, Obergärtner im Ökozentrum Terre vivante in Mens, bringt Ihnen in Form von Bildern alles näher, was man über Gründünger im Gemüsegarten wissen muss.

Jérôme Balesdent, Étienne Dambrine, Jean-Claude Fardeau, *Les Sols ont-ils de la mémoire ? 80 clés pour comprendre les sols*, Quæ, 2015, 176 S.
Hilft, den Boden aus allen Blickwinkeln heraus zu verstehen; klares und exaktes populärwissenschaftliches Werk, in Co-Autorenschaft mit Bodenspezialisten.

Rémy Bacher und Blaise Leclerc, *Une bonne terre pour un beau jardin*, Terre vivante, 2009, 160 S.
Letztes Buch, das bei Terre vivante zum Thema Gartenboden erschienen ist, mit Erfahrungsberichten aus allen Ecken Frankreichs.

Marcel B. Bouché, *Des vers de terre et des hommes. Découvrir nos écosystèmes fonctionnant à l'énergie solaire*, Actes Sud, 2014, 324 S.
Die aktuellste Bibel zu Regenwürmern, verfasst von einem der besten Spezialisten in diesem Bereich.

Raoul Calvet, Claire Chenu, Sabine Houot, *Les Matières organiques des sols. Rôles agronomiques et environnementaux*, France Agricole, 2011, 348 S.
Gespickt mit wissenschaftlichen Informationen; alles über organische Substanz im Boden; mit Agronomen und Bodenspezialisten als Co-Autoren.

Pierre Davet, *Vie microbienne du sol et production végétale*, INRA éditions, 1996, 384 S.
Referenzwerk zu den kleinsten Bodenbewohnern und ihren Beziehungen zum Pflanzenanbau.

Gilles Domenech, *Jardiner sur sol vivant*, Larousse, 2015, 160 S.
Vorgeschlagen von Gilles Domenech, Spezialist im Bereich Gemüseanbau und Fragmentiertes Zweigholz; mehrere originelle Erfahrungsberichte illustrieren dieses Werk und zeigen die Wichtigkeit der Bodenlebewesen im Garten.

J. André Fortin, Christian Plenchette, Yves Piché, *Les Mycorhizes. La nouvelle révolution verte*, Quæ et Multimondes, 2008, 132 S.
Alles über Mykorrhizen, verfasst von den renommiertesten Spezialisten auf dem Gebiet.

Christian Feller, Ghislain de Marsily, Christian Mougin, Guénola Pérès, Roland Poss, Thierry Winiarski, *Le Sol, une merveille sous nos pieds*, Belin, 2016, 256 S.
Populärwissenschaftliche Werke zum Thema Boden sind nicht sehr zahlreich. Dieses ist ein voller Erfolg und das Ergebnis der Arbeit von Forschern, die sich die Zeit genommen haben, klar und auf brillant veranschaulichende Art und Weise das Wunder, wie sie es nennen, das sich unter unseren Füßen befindet, zu erklären.

Ausgangspunkt für die Proteinsynthese. Dabei wird die in den Genen enthaltene Information kopiert.

Dolomit: kalkhaltiges Bodenverbesserungsmittel, das reich an Magnesium ist.

Edaphisch: sich auf den Boden beziehend.

Endogäisch: eine der drei ökologischen Gruppen von Regenwürmern. Ihre Vertreter bekommt man selten zu sehen, da sie nicht an die Oberfläche kommen, sondern sich von Abfällen ernähren, die von den anderen Bodenlebewesen verscharrt werden. Die zwei anderen Gruppen von Regenwürmern sind anektische und epigäische Arten.

Energie: Die Hauptenergiequelle auf der Erde kommt von der Sonne. Man spricht hierbei von Lichtenergie. Durch Photosynthese nutzen die Pflanzen diese Energie, indem sie kohlenstoffhaltige Moleküle erzeugen (Kohlenstoff kommt vom in der Luft enthaltenen CO_2). Die Energie der Sonne wird so von allen Lebewesen transportiert, gespeichert und genutzt (Pflanzenfresser fressen Pflanzen, Fleischfresser fressen Pflanzenfresser). Beim Tod der Lebewesen wird diese Energie noch weiter genutzt (Abbau von Humus durch die Mikroorganismen des Bodens, Verbrennung von Holz und fossiler Energieträger durch Menschen).

Epigäisch: Lebewesen, die oberhalb der Bodenoberfläche, vor allem in der Streu, leben, im Gegensatz zu jenen, die im Boden leben. Beispiele: epigäische Regenwurmarten, epigäische Destruenten.

Evaporation: Übergang des Wassers im Boden vom flüssigen Zustand in die Atmosphäre in den gasförmigen Zustand.

Fabaceae: Bezeichnung der Pflanzenfamilie, die früher als Papilionaceae bezeichnet wurde. Auch die Bezeichnung Leguminosae wird häufig für diese Pflanzen verwendet. Ihr Hauptmerkmal besteht darin, dass sie mit den Bodenbakterien – den Rhizobien – eine Symbiose eingehen, um den Luftstickstoff zu fixieren.

Fäkalien: Exkremente von Tieren.

Feine Erde: Erde, die durch das 2-mm-Sieb fällt. Dabei handelt es sich um Erde ohne grobe Bestandteile (Kies, Steinchen, organische Abfälle), die auch zur Analyse herangezogen wird. Die feine Erde lässt sich des Weiteren anhand der Größe ihrer Teilchen bestimmen (Sand, Schluff, Ton): Dabei handelt es sich um die Textur.

Fragmentiertes Zweigholz: Dieser Begriff kommt aus Quebec und beschreibt Holzschnitzel aus Zweigen, deren Durchmesser weniger als 7 cm beträgt.

Gefügestabilität: Fähigkeit der krümeligen Struktur des Bodens, stabil zu bleiben, vor allem unter Wassereinfluss. Der Test zur Bestimmung der Gefügestabilität wird durchgeführt, indem ein Klumpen Erde in Wasser eingelegt wird und beobachtet wird, in welcher Zeit er sich auflöst.

Gesamtkalk: Gesamtmenge an Kalk in einem Boden, inklusive des Aktivkalks.

Grelinette (Grabegabel): Werkzeug mit zwei Stielen, welches dazu dient, die Erde umzustechen, ohne sie zu wenden. Sie wurde von André und Oliver Grelin Anfang der 1960er Jahre erfunden.

Gründünger: Pflanzen, die man aussät, um sie einige Monate später zu verscharren, um den Boden (insbesondere seine Struktur) zu verbessern und um die darauffolgenden Kulturen mit Nährstoffen zu versorgen (zum Beispiel Stickstoff, wenn man Hülsenfrüchtler als Gründüngungspflanzen sät).

Horizont: von den übrigen Schichten hauptsächlich durch ihre Farbe und Textur klar abgetrennte Bodenschicht (rot:

eisenreiche Schicht; braun: Schicht reich an organischer Substanz etc.).

Hülsenfrüchtler: Pflanzenfamilie der Fabaceae, deren Kennzeichen es ist, dass sie mit bestimmten Bodenbakterien – den Rhizobien – in Symbiose treten können, um Luftstickstoff zu fixieren. Es ist nicht notwendig, dem Gartenboden Stickstoff zuzuführen, damit Hülsenfruchtgewächse (z. B. Ackerbohne, Bohne, Erbse) gut wachsen. Unter den Gründüngungspflanzen finden sich folgende Hülsenfrüchtler: Klee, Luzerne etc.

Humifiziert: kohlenstoffhaltige Moleküle im Boden, die Zersetzung standhalten; grundlegender Baustein von Humus.

Humus: Gesamtheit der kohlenstoffhaltigen Moleküle, die der Zersetzung sehr gut standhalten. Diese Moleküle bilden sich im Boden infolge der Zersetzung von organischen Substanzen, vor allem von Lignin, einem der Hauptbestandteile der Zellwände von Pflanzenzellen.

Ion: elektrisch geladenes Atom infolge der Aufnahme ein oder mehrerer Elektronen, was zur Entstehung eines Anions führt (Beispiele: NO_{3-}, SO_{4--}), oder des Verlusts ein oder mehrerer Elektronen, was zur Entstehung eines Kations führt (Beispiele: K+, Ca++).

Kalium: eines der wichtigsten chemischen Elemente, das für das Pflanzenwachstum notwendig ist. Es ist im Boden infolge der Verwitterung des Muttergesteins vorhanden, wird aber auch durch organische Dünger und Bodenverbesserungsmittel zugeführt.

Kalkung: Vorgang, bei der der pH-Wert des Bodens durch Ausbringen eines Kalkdüngers erhöht wird, entweder direkt durch Kalk (zu vermeiden) oder andere Mittel.

Kalziphil: Pflanzen, die Kalk lieben, wie Weißdorn, Zistrose, Hartriegel.

Kation: positiv geladenes Ion: K+ (Kalium), Ca++ (Kalzium).

Kohlendioxid: gasförmige Form von Kohlenstoff, der durch die Atmung aller Lebewesen entsteht: Mikroorganismen, Pflanzen, Tiere. Pflanzen besitzen die Fähigkeit, Kohlendioxid mithilfe der Photosynthese in immer komplexere organische Moleküle umzuwandeln: Zucker, Fette, Proteine. Die Tiere müssen diese organischen Moleküle aufnehmen, um zu überleben. Das Kohlendioxid, das dabei entsteht, wird von ihnen ausgestoßen. So schließt sich der Kohlenstoffkreislauf. Chemische Formel: CO_2.

Kohlenstoff: Hauptbestandteil organischer Substanzen. Zusammen mit Wasserstoff, Sauerstoff und Stickstoff bildet er alle Moleküle der Lebewesen (Kohlenhydrate, Fette, Proteine etc.). Er gelangt dank der Photosynthese in die Welt der Lebewesen und tritt durch Atmung wieder aus dieser heraus. Dies ist der Kohlenstoffkreislauf.

Koprophag: eigene Ausscheidungen fressend. Koprophagie ist in der Natur weit verbreitet, besonders bei im Boden lebenden Tieren. Ein Beispiel hierfür sind Doppelfüßer. Koprophagie erlaubt es, Pflanzenabfälle vollständiger zu verdauen, was durch die in den Ausscheidungen enthaltenen Bakterien und Pilze möglich gemacht wird, welche Zellulose beziehungsweise Lignin zersetzen.

Kryptogamisch: bezieht sich auf mikroskopisch kleine Pilze. Beispiel: Kryptogamische Krankheit = Krankheit, die durch den Befall des Pflanzengewebes durch mikroskopisch kleine Pilze, wie den Falschen Mehltau, entsteht.

Lessivierung/Ausschwemmung: Spülung von gelösten Mineralien oder Schwebstoffen in tiefe Bodenschichten. Ausgelöst durch eine Abflusshöhe, die die Bodenhorizonte durchquert. Man spricht von der Lessivierung von Ton oder der Ausschwemmung von Nitraten.

Lignin: großes Molekül und Bestandteil der Zellwände von Pflanzenzellen, insbesondere bei Gehölzpflanzen. Es hält Zersetzung stand, die hauptsächlich von mikroskopischen Pilzen durchgeführt wird.

Lysate: Produkte, die bei der Lyse von Zellen entstehen.

Lyse: Zersetzung der Zellen durch verschiedene Enzyme nach ihrem Absterben. Die Lyse der Pflanzenzellen beginnt bei den Teilen, die am einfachsten zersetzbar sind. Eine trockene Pflanze besteht also nur mehr aus ihren Zellwänden, deren Zersetzung viel länger dauert (Beispiel: Stroh bei Getreide).

Magnesium: eines der wichtigsten für Pflanzen unverzichtbaren Elemente. Magnesium ist ein Bestandteil von Chlorophyll, jenem Molekül, das Photosynthese möglich macht.

Makroaggregate: Erdteilchen, die zwischen 0,25 und mehreren Millimetern Durchmesser haben. Diese bilden die krümelige Struktur des Bodens. Sie bestehen aus Gebilden von kleineren Teilchen, den Mikroaggregaten, zu denen größere Teilchen hinzukommen: Stücke von Zweigen, Sandkörner, Ausscheidungen von Bodentieren etc. Die Luft und das Wasser im Boden zirkulieren ungehindert zwischen den Makroaggregaten.

Mikroaggregate: bilden die Makroaggregate und haben einen Durchmesser von weniger als 0,25 mm. Sie sind das Ergebnis der Aktivität von Bakterien, die durch die Zersetzung der organischen Substanz im Boden eine Art Kleber erzeugen, der aus Polysacchariden besteht. Dieser Kleber stellt sicher, dass rund um diese Bakterien Mineral-, Ton- und Schluffteilchen kleben bleiben. Auf diese Art wird die Stabilität der Mikroaggregate sichergestellt.

Mikroflora: Gesamtheit der unsichtbaren Bodenbewohner, zu welchen Protozoen, Algen, Pilze und Bakterien gezählt werden.

Mikrophagen: ernähren sich von den kleinsten Lebewesen: Algen, Protozoen, Pilze, Bakterien. Im Boden lebende Mikrophagen sind Springschwänze, Hornmilben, Nematoden oder Zweiflüglerlarven.

Mineralisation: Mineralisation ist die Zerstörung der organischen Substanz (Übergang von der organischen zur anorganischen Welt). Sie wird von Mikroorganismen durchgeführt, die große organische Moleküle wie Zellulose zersetzen und dabei Energie für ihre eigene Entwicklung gewinnen. Die Produkte der Mineralisation sind Kohlendioxid (CO_2), Wasser und Ionen (Nitrat, Phosphat), die der Ernährung der Pflanzen dienen.

Mineralische Bodenverbesserungsmittel: mineralische Stoffe, die dem Boden zugeführt werden, um ihm bestimmte Elemente, die ihm fehlen, wieder zuzuführen. Kalzium-/Magnesium-Bodenverbesserungsmittel, wie zum Beispiel geriebener Kalk, werden dem Boden zugeführt, um seinen pH-Wert zu erhöhen.

Mistbeet: Vorrichtung, die dazu dient, das Pflanzenwachstum im Frühjahr zu beschleunigen, indem heißer Mist, üblicherweise von Pferden, mit Erde bedeckt wird, in welcher die Aussaat stattfindet. Die Zersetzung des Mists setzt über mehrere Wochen Wärme frei. Solche Mistbeete werden meistens in Frühbeeten angelegt.

Muttergestein: Gestein, das sich an der Basis des Bodens befindet. Das Ende des Bodens und des Muttergesteins befindet sich dort, wo die Kolonisierung durch Lebewesen und Wurzeln aufhört.

Mykorrhizen: Bodenpilze, die mit den meisten Pflanzen eine Symbiose eingehen und die Ernährung letzterer (in Bezug auf Phosphor, Wasser etc.) erleichtern. Im

Gegenzug bekommen sie kohlenstoffhaltige Moleküle, die durch Photosynthese gewonnen werden.

Myzelien: mikroskopische Filamente aus Bodenpilzen, die nur einige Mikrometer Durchmesser haben, aber mehrere Zentimeter lang sind. Der Großteil dieser Filamente sind Mykorrhizen, die mit den meisten Pflanzen Symbiosen eingehen und diesen helfen, Wasser und Mineralstoffe aufzusaugen.

Nahrungskette: Trophische Beziehungen in einem Ökosystem. Beispiel: Das Kaninchen frisst das Gras der Wiese und wird selbst vom Adler gefressen.

Nahrungssaft: Lösung, die reich an synthetisierten organischen Molekülen ist, die alle Organe der Pflanze ernährt: Wurzeln, Blüten, Früchte ...

Nützlinge: nützliche Tiere im Garten, vor allem bestimmte Insekten sowie Fressfeinde von Pflanzenschädlingen. Beispiele: Marienkäfer, die Blattläuse fressen, Laufkäfer, die Nacktschnecken fressen.

Oberflächentrockenheit: Zustand eines Bodens, aus dem das Wasser nach einem Regen aus den größten Poren wieder abgeflossen ist. In einem Boden, in dem Oberflächentrockenheit herrscht, können Wurzeln erneut richtig atmen und sind dabei gleichzeitig ausreichend feucht, da das Wasser in den feinsten Poren verbleibt.

Oberflächenverschlämmung: Kruste an der Oberfläche von schluffigen Böden: Wassertropfen – bei Regen oder Bewässerung – treffen auf der Bodenoberfläche auf und schleudern Schluffteilchen in die Luft. Diese landen wieder auf dem Boden und bilden eine sehr feine Schicht, die hauptsächlich aus Schluff besteht. Diese können die Keimlinge nur schwer durchstoßen.

Organelle: unter dem Elektronenmikroskop sichtbarer Bestandteil einer Zelle. Bei Pflanzen sind die Chloroplasten jene Organellen, die Chlorophyll beherbergen, jenes Molekül, das für die Photosynthese zuständig ist.

Organische Bodenverbesserungsmittel: organische Substanzen, die dazu dienen, die durch die Pflanzen herbeigeführte Ausfuhr auszugleichen, und um den Boden mit Kohlenstoff anzureichern. Organische Bodenverbesserungsmittel haben einen Stickstoff-, Phosphor- und Kaliumgehalt von weniger als 3 % ihrer Trockensubstanz. Sie sind pflanzlichen Ursprungs (Beispiel: Kompost aus Pflanzenabfällen) oder pflanzlichen und tierischen Ursprungs (Beispiel: Mist).

Organische Dünger: organische Substanz, die dem Boden zugeführt wird, um die Ausfuhr auszugleichen, die durch die Pflanzen geschieht. Sie enthalten mehr Nährstoffe als organische Bodenverbesserungsmittel: mehr als 3 % Stickstoff, Phosphor oder Kalium. Deshalb sollten sie in Maßen eingesetzt werden. Sie werden im Boden nämlich sehr schnell zersetzt und haben, in hoher Dosis, eine ähnliche Wirkung wie Mineraldünger. Sie sind hauptsächlich tierischen Ursprungs (Guano, Federn, getrocknetes Blut etc.).

Organische Substanz: Substanz, die bei der Zersetzung von Lebewesen entsteht und die hauptsächlich aus Kohlenstoff-, Wasserstoff-, Sauerstoff- und Stickstoffatomen besteht. Frische organische Substanz besteht aus pflanzlichen und tierischen Abfällen, die am Boden landen. Die Speicherung von organischer Substanz im Boden geschieht hauptsächlich in Form von Humus.

Pedogenese: Bodenbildung.

Pedologe: Wissenschaftler, der Böden studiert.

Pflugsohle: Erdbereich, der stark verdichtet ist und der sich in der Tiefe befindet, bis in die der Pflug reicht.

pH: Der pH-Wert gibt Auskunft darüber, ob ein Boden sauer oder alkalisch ist. Bei einem pH-Wert unter 7 ist der Boden sauer, bei einem pH-Wert über 7 ist er alkalisch (oder basisch). Im Allgemeinen haben Gartenböden einen pH-Wert von etwa 7 und sind weder sauer noch basisch. Ihr pH-Wert ist neutral. Ist der pH-Wert sauer, sind Kalzium-/Magnesium-Bodenverbesserungsmittel auszubringen. Ist der pH-Wert basisch, ist vermehrt organisches Material auszubringen.

Phosphor: eines der wichtigsten chemischen Elemente für das Pflanzenwachstum. Phosphor ist nach der Verwitterung des Muttergesteins im Boden vorhanden, aber wird auch durch organische Dünger und Bodenverbesserungsmittel zugeführt.

Photosynthese: biologischer Vorgang, bei dem Pflanzen Kohlendioxid aus der Luft mit der Energie der Sonne in organische Moleküle (Zucker, Fette, Proteine) umwandeln. Chlorophyll macht die Photosynthese möglich und verleiht den Pflanzen ihre grüne Farbe.

Phytophag: sich von Pflanzen ernährend.

Phytosaprophag: sich von abgestorbenen Pflanzen ernährend.

Polysaccharide: große Moleküle, die durch die Aktivität der Mikroorganismen in den Boden abgegeben werden. Sie besitzen Klebeeigenschaften, was der Grund für die Mikroporosität des Bodens und damit der krümeligen Struktur ist.

Proton: Der Atomkern setzt sich aus Neutronen und Protonen zusammen. Neutronen sind elektrisch neutral. Protonen sind positiv geladen. Elektronen, die um den Kern kreisen, sind negativ geladen und führen insgesamt zu einer Neutralladung des Atoms. Ionen sind Atome, die ein oder mehrere Elektronen entweder verloren (Kation) oder dazugewonnen haben (Anion). Der Atomkern von Wasserstoff, H, besteht nur aus einem einzigen Proton. Verliert Wasserstoff sein einziges Elektron, wird er zu H+, einem Proton.

Rhizobien: Bodenbakterien, die mit Pflanzen aus der Familie der Hülsenfruchtgewächse in Symbiose treten. Dies spielt sich in Wurzelknöllchen an den Pflanzenwurzeln ab.

Rhizodeposition: Diese besteht aus Molekülen, die von den Wurzeln erzeugt und in den Boden abgegeben werden: abgestoßene Wurzelzellen, Lysate, Pflanzenschleim, Exsudate. Alle diese Moleküle sind reich an Kohlenstoff und damit eine Energiequelle für die Mikroorganismen des Bodens.

Rhizosphäre: Bereich des Bodens, der die Wurzeln umgibt und der ihrem Einfluss direkt oder indirekt unterworfen ist. Man könnte sagen, dass sie aus der Erde besteht, die an den Wurzeln haften bleibt, wenn man eine Pflanze schüttelt, nachdem man sie vorsichtig aus dem Boden gezogen hat.

Roher Pflanzensaft: Wasser und Mineralstoffe, die in der Pflanze von den Wurzelhärchen bis zu den Blättern fließen.

Rucksackschnecke: Im Boden lebender Bauchfüßler, der einer Nacktschnecke ähnelt, aber im Gegensatz zu dieser Fleischfresser ist. Diese Schnecke ist insbesondere im Westen und im Süden Frankreichs und zunehmend auch in Mitteleuropa anzutreffen. Sie ist blassgelb und hat zwei Falten am Rücken, die in ein Mini-Schneckenhaus am hinteren Rücken münden.

Saatbett: Boden, der bereit zur Aussaat ist. Die Vorbereitung des Bodens erfordert Werkzeug, das an die Größe der Samen und die Textur des Bodens angepasst ist.

Sand: Anorganische Teilchen des Bodens, die zwischen 0,05 und 0,2 mm groß sind. Man unterscheidet groben Sand (von 0,2 bis 2 mm) und feinen Sand (von 0,05 bis 0,2 mm). Bestimmte Arten von Sand kommen von Granitfelsen und enthalten daher eine beträchtliche Menge Quarz. Andere kommen von Kalkstein.

Sandig (Böden): Böden, die reich an Sand sind (Sandgehalt von über 80 %).

Schluffe: Mineralteilchen im Boden, die zwischen 2 und 50 µm groß sind. Man unterscheidet zwischen grobem Schluff (von 20 bis 50 µm) und feinem Schluff (2 bis 20 µm).

Schluffig (Böden): schluffreiche Böden (Schluffgehalt von mehr als 40 %).

Schnellkäfer: Insekt aus der Ordnung der Käfer, dessen Larve gemeinhin als „Drahtwurm" bezeichnet wird, und das mehrere Jahre lang im Boden bleibt. Dort frisst es Löcher in Wurzeln, Wurzelhals, Wurzelknollen und Rhizome der Pflanzen und richtet so Schaden an.

Schrumpfungsrisse: Risse, die in tonigen Böden entstehen: Ton dehnt sich aus, wenn Wasser zugeführt wird. Sobald das Wasser, welches zwischen den Tonschichten gefangen war, wieder entweicht, entstehen mehrere Millimeter breite Risse.

Senkwasser: Wasser, das nicht vom Boden gespeichert wird und nach Regen oder Bewässerung durch die gröbsten Poren abfließt.

Spurenelemente: Elemente, die in minimalen Mengen vorhanden, aber für die Ernährung der Pflanzen notwendig sind: Chlor, Eisen, Bor, Mangan, Zink, Kupfer, Nickel, Molybdän.

Stickstoff: eines der wichtigsten Elemente für die Ernährung der Pflanzen. Sehr oft ist Stickstoff der einschränkende Faktor für das Pflanzenwachstum. Er ist in unerschöpflichen Mengen vorhanden, da er – in Form von N_2 (zwei miteinander verbundene Stickstoffatome) – 78 % der Luft, die wir atmen, ausmacht. Bestimmte Bakterien, besonders jene, die in Symbiose mit Hülsenfrüchtlern leben, fixieren Luftstickstoff, welcher so in den Stickstoffvorrat des Bodens übergeht.

Stickstoffmangel: Phänomen, welches auftritt, nachdem dem Boden große Mengen an kohlenstoffreicher organischer Substanz (wie etwa Stroh) zugeführt wurden: Die Mikroorganismen des Bodens entziehen diesem mineralischen Stickstoff und nehmen den Pflanzen so den Stickstoff weg, den diese eigentlich benötigen.

Stomata: kleine Öffnungen an der Blattunterseite, die zum Gasaustausch zwischen Pflanze und Umgebungsluft dienen. Dazu zählt insbesondere die Transpiration.

Streu: Ansammlung von organischen Abfällen an der Bodenoberfläche: Laub, abgestorbene Äste, Ausscheidungen und Kadaver von Tieren. Streu bezeichnet auch die Strohschicht in Gebäuden, in denen Tiere gehalten werden.

Struktur: Anordnung der Bodenteilchen untereinander. Die ideale Struktur ist die krümelige Struktur, in der Luft und Wasser ungehindert zirkulieren können.

Substratkultur: Anbau einer Pflanze ohne Boden, auf einem inerten Untergrund, dem Wasser und Mineralstoffe, welche für die Entwicklung der Pflanze notwendig sind, zugeführt werden. Zahlreiche Gemüsepflanzen werden so gezüchtet, zum Beispiel die Tomate.

Symbiose: Nährstoffaustausch zwischen zwei Lebewesen. Symbiosen im Boden entstehen im Allgemeinen zwischen einer Pflanze und einem Mikroorganismus. Im Fall der Luftstickstofffixierung handelt es sich um Bakterien: Die Pflanze liefert den Bakterien Energie in Form von kohlenstoffhaltigen Molekülen. Im Gegenzug liefern letztere der Pflanze Stickstoff, den sie fixiert haben. Im Fall der Mykorrhizen handelt es sich um Pilze: Die Pflanze liefert den Pilzen auch hier Energie in Form von kohlenstoffhaltigen Molekülen. Im Gegenzug liefern die Pilze der Pflanze Wasser und Mineralstoffe, insbesondere Phosphor.

Textur: Verteilung der Teilchen der feinen Erde nach Größe. Man unterscheidet von den gröbsten bis hin zu den feinsten: groben Sand, feinen Sand, groben Schluff, feinen Schluff und Ton.

Ton (mineralogisch): Mineralteilchen, das je nach Herkunft aus zwei oder drei Schichten besteht und mit Aluminium, Sauerstoff und Silizium besetzt ist. Diese Schichten stapeln sich wie bei einem Blätterteig übereinander.

Ton (Textur): Mineralteilchen im Boden, welches kleiner ist als 2 µm (0,002 mm). Mineralogisch gesehen, hat Ton eine andere Definition (siehe oben).

Tonminerale: feinste Mineraltteilchen des Bodens; s. Ton (mineralogisch).

Ton-Humus-Komplex: Zusammenschluss aus den feinsten Mineralteilchen des Bodens, den Tonmineralen, und humifizierter organischer Substanz. Diese Verbindung ist sehr stabil, da sich Mineralteilchen und organische Teilchen gegenseitig vor äußeren Einflüssen, wie Wasser, Austrocknung und Druck, schützen.

Tonig: Bezeichnung für Böden, deren Tongehalt mehr als 30 % beträgt.

Transpiration: Phänomen, welches erlaubt, dass der rohe Pflanzensaft von der Wurzel in die oberirdischen Teile der Pflanze transportiert wird.

Trocknung: s. Oberflächentrockenheit.

Verschlämmung: s. Oberflächenverschlämmung.

Verwitterung: Angriff des Gesteins durch Naturgewalten: Wasser, Frost, Temperaturschwankungen, Wind. Im Zuge der Verwitterung kommt es zu physischen, aber auch zu chemischen Abläufen (Beispiel: Auflösung von Kalk). Die vollständige Verwitterung von Gestein führt zur Bildung von löslichen chemischen Elementen, wie zum Beispiel Eisenhydroxiden. Verwitterung ist nicht zu verwechseln mit Mineralisation.

Wurzelausscheidungen: Gesamtheit der im Zuge der Rhizodeposition ausgeschiedenen Stoffe.

Wurmhumus: Exkremente, die die Regenwürmer an der Bodenoberfläche zurücklassen.

Wurzelhaare: Auswüchse bestimmter Zellen an den Spitzen der Wurzeln. Durch die Wurzelhärchen gelangen Wasser und Mineralstoffe in die Wurzeln.

Wurzelhaube: bildet die Spitzen der Wurzeln.

Wurzelknöllchen: Auswüchse mit einigen Millimetern Durchmesser, die auf den Wurzeln von Hülsenfruchtgewächsen (Ackerbohne, Bohne, Erbse) zu sehen sind. Dort findet die symbiotische Stickstofffixierung statt.

Zellulose: Mehrfachzucker, der, zusammen mit Lignin, die Zellwände der Pflanzenzellen bildet. Dies ist der Hauptbestandteil von Stroh.

Stichwortverzeichnis